clv

Josh McDowell

Die Tatsache der Auferstehung

clv

Christliche Literatur-Verbreitung e. V.
Postfach 11 01 35 · 33661 Bielefeld

Soweit nicht anders vermerkt, sind die Bibelzitate der Elberfelder Übersetzung 2003, Edition CSV Hückeswagen, entnommen.

1. Auflage 1993
2. Auflage 1996
3. Auflage 2001
4. Auflage 2005
5. Auflage 2009
6. überarbeitete Auflage 2013

Originaltitel: »The Resurrection Factor«,
Here's Life Publishers, Inc., San Bernardino, CA, USA

Postfach 11 01 35 · 33661 Bielefeld
Internet: www.clv.de

Übersetzung: Klaudia Limper
Umschlag: OTTENDESIGN.de, Gummersbach
Satz: CLV
Druck und Bindung: CPI – Ebner & Spiegel, Ulm

ISBN 978-3-89397-712-3

Inhalt

Der Kampf

Warum versetzen drei einfache Fragen die Zuhörerschaft fast jeder Universität der Welt in furchtsames Schweigen? Es geschieht jedes Mal, wenn ich frage: »Wer sind Sie? Warum sind Sie hier? Wohin gehen Sie?«

Die Suche beginnt

Als Student konnte ich diese Fragen ebenfalls nicht beantworten. Vielleicht können Sie es auch nicht. Aber ich wollte eine Antwort darauf finden. Wie alle Menschen wollte ich einen Sinn für mein Leben erkennen. Ich wollte glücklich sein. Ich wollte der glücklichste Mensch auf Erden sein. Und was sollte an meinem Wunsch falsch sein, solange mein Glück nicht auf Kosten anderer ging?

Glück

Vor etlichen Jahren fuhr ich mit einem Freund zusammen in Newport Beach, Kalifornien, auf dem Motorrad. Wir unterhielten uns, lachten und hatten viel Spaß miteinander. (Ich genieße das Leben – das war von jeher eines meiner wichtigsten Prinzipien. Wenn ich meinem Arzt Glauben schenken darf, ist das auch einer der Gründe, warum ich niemals Magengeschwüre haben werde. Ich lache viel und sage offen und ehrlich, was ich denke.) Als wir so dahinfuhren, bemerkten wir zwei junge Frauen in einem neuen

Sportwagen auf der Spur neben uns. Bei einer Geschwindigkeit von 30 km/h schauten sie ständig zu uns herüber. Schließlich drehte die Dame auf dem Beifahrersitz ihr Fenster herunter und fragte in einem fast vorwurfsvollen Ton: »Welches Recht haben Sie eigentlich, so glücklich zu sein?« Ehe wir ihr antworten konnten, drehte sie das Fenster wieder hoch, und sie fuhren davon. Die Antwort auf ihre Frage ist einfach: »Ich will glücklich sein, und ich habe die Quelle der Freude gefunden.«

Freiheit

Noch wichtiger ist es für mich, frei zu sein. Ich will einer der freiesten Menschen der Welt sein. Freiheit bedeutet für mich nicht, alles tun zu dürfen, was mir in den Sinn kommt. – Das kann jeder. Und viele Leute tun es. – Freiheit bedeutet für mich, die Kraft zu besitzen, das zu tun, wovon ich weiß, dass ich es tun sollte. Nach dieser Definition sind die meisten Menschen nicht frei. Sie wissen zwar, was sie tun sollten, aber sie haben nicht die Kraft, es in die Tat umzusetzen. Sie sind in Knechtschaft – unfrei! Und als Student war ich es auch.

Religion

Ich begann, ernsthaft nach Antworten zu suchen. Es schien mir, dass fast jeder Mensch irgendeiner Religion angehört. Also ging ich in die Kirche – morgens, mittags und abends. Aber ich musste wohl die falsche Kirche gewählt haben, denn ich fühlte mich drinnen elender als draußen.

Als praktischer Mensch lasse ich alles sausen, was nicht im Alltag anwendbar ist. Und so ließ ich die Religion fallen. Alles, was ich der Religion jemals abgewann, waren die 25 Cents, die ich in den Opferkorb legte – und die 35 Cents, die ich wieder für einen Milchshake herausnahm. Das ist mehr, als die meisten Leute jemals von der Religion zu erhoffen haben, redete ich mir selbst ein.

Ansehen

Ich begann zu überlegen, ob Ansehen die Antwort auf die Sinnfrage des Lebens sein könnte. Vielleicht wäre es richtig, Führer einer Gruppe zu werden, mich einer Sache anzunehmen und mich ihr zu widmen sowie bekannt zu werden.

An der ersten Universität, die ich besuchte, hielten die Studentenführer die Zügel fest in der Hand und machten ihren Einfluss geltend. So kandidierte ich als Klassensprecher im Erstsemester und wurde gewählt.

Ich genoss es, Entscheidungen treffen zu können, das Geld der Studenten und der Universität ausgeben zu dürfen, um Redner zu engagieren, die ich gerne hören wollte. Jeder auf dem Campus kannte mich, und jeder begrüßte mich mit einem anerkennenden »Hi, Josh!« Aber wie alles andere, das ich vorher bereits versucht hatte, verlor es schnell an Glanz.

Montagmorgens wachte ich gewöhnlich mit Kopfschmerzen von der vorausgegangenen Nacht auf, und meine ganze Motivation für die bevorstehende Woche war: »Also, wieder mal fünf fürchterliche Tage.« Ich ertrug den Montag nur durch den Ausblick auf den Freitag. Das ganze Glück bestand aus drei Nächten: Freitag, Samstag, Sonntag. Es war ein Teufelskreis.

Frustration

Ich führte sie alle an der Nase herum. Jeder an der Universität hielt mich für einen der sorglosesten Burschen. Der Slogan auf meinen Wahlkampfbuttons lautete: »Happiness is Josh!« Mit Studentengeldern veranstaltete ich mehr Partys als irgendjemand zuvor. Aber mein Glück war wie das so vieler anderer Leute: Es hing von meiner jeweiligen Situation ab. Wenn alles gut ging, fühlte ich mich großartig. Wenn die Dinge lausig liefen, fühlte ich mich ebenfalls lausig.

Ich war wie ein Boot auf dem Ozean, von den Wellen der Umstände hin und her geworfen. Alle um mich herum lebten auf die gleiche Weise. Die Dozenten konnten mir zwar erklären, wie ich meinen Lebensunterhalt besser verdienen konnte, aber sie konnten mir nicht sagen, wie ich imstande war, besser zu leben. Jeder konnte mir sagen, was ich tun sollte, aber niemand war in der Lage, mir die Kraft und die Fähigkeit zu geben, es auch zu tun. Die Frustration begann, mich zu quälen.

Der Kampf geht weiter

Nur wenige Menschen an Universitäten und Colleges haben jemals ernsthafter als ich versucht, Sinn, Wahrheit und ein Ziel im Leben zu finden. Was ich auch unternahm, diese Werte blieben für mich unerreichbar; sie entzogen sich mir.

In dieser Zeit fiel mir eine kleine Gruppe von Menschen an der Universität auf – acht Studenten und zwei Mitglieder des Kollegiums. Irgendetwas in ihrem Leben war anders. Sie schienen zu wissen, *warum* sie glaubten, was sie glaubten.

Ich mag es, mit solchen Menschen zusammen zu sein. Es macht mir nichts aus, wenn die Leute nicht immer meiner Meinung entsprechen. Einige meiner engsten Freunde sind gegen manche Dinge, für die ich entschieden eintrete. Aber ich bewundere einen Menschen, der eine feste Überzeugung hat. – Vielleicht, weil es nur so wenige davon gibt. Im Gegensatz zu den meisten anderen Studenten schienen die Menschen in dieser kleinen Gruppe zu wissen, wohin sie gingen.

Gelebte Liebe

Diese Leute *sprachen* nicht nur einfach über Liebe. Sie *handelten* auch danach. Sie schienen über den Gegebenheiten des Universitätslebens zu stehen, während alle anderen diesen Gegebenheiten offenbar unterlagen. Dann bemerkte ich auch ihr Glücklichsein. Sie schienen eine ständige innere Quelle der Freude zu besitzen. Sie waren schon fast »unverschämt« glücklich. Offensichtlich hatten sie etwas, das mir fehlte.

Mir ging es wie jedem durchschnittlichen Studenten: wenn jemand etwas besaß, das ich nicht hatte, wollte ich es auch haben. Deshalb muss man auch sein Fahrrad auf dem College-Gelände abschließen. Jemand könnte es haben wollen. Wenn Bildung und Erziehung wirklich *die* Antwort wäre, müsste eine Universität die moralisch aufrechteste Gemeinschaft überhaupt sein. Aber sie ist es nicht.

Ich wollte besitzen, was ich sah, und so beschloss ich, mich mit diesen interessanten Leuten anzufreunden.

Zwei Wochen später saßen wir alle versammelt um einen Tisch im Aufenthaltsraum: sechs Studenten und zwei Mitglieder des Kollegiums. Das Gespräch kam auf Gott. Wenn man verunsichert ist und ein Gespräch beginnt, sich auf Gott zu konzentrieren, neigt man dazu, große Worte zu führen. Auf jedem Campus, in jeder Gemeinschaft, in jedem Büro gibt es immer ein »Großmaul« – jemand, der sagt: »Ach, das Christentum, ha, ha! Das ist etwas für Schwachköpfe, das ist nicht intellektuell.« Gewöhnlich ist es so: Je größer das Maul, umso größer die Unsicherheit.

Die Herausforderung

Das Gespräch beunruhigte mich. Schließlich sah ich zu einer der Studentinnen hinüber, einer gut aussehenden Frau – ich dachte immer, alle Christen seien hässlich. In meinem Stuhl zurückgelehnt – die anderen sollten mein starkes Interesse nicht bemerken –, sagte ich: »Erzähl du mir mal, was dein Leben verändert hat! Warum unterscheidet es sich so von dem der anderen Studenten, der Führer auf dem Campus und der Professoren?«

Die junge Frau muss eine sehr starke Überzeugung besessen haben. Sie sah mir geradewegs in die Augen, und mit einem kleinen Lächeln sagte sie zwei Worte, hinsichtlich derer ich niemals erwartet hätte, sie in einer Universität zu hören:

»Jesus Christus«, sagte sie.

»Um Himmels willen, komm mir nur nicht mit diesem Unsinn über Religion«, sagte ich.

Sie schoss zurück: »Mann! Ich sagte nicht ›Religion‹, ich sagte ›Jesus Christus‹.« Sie wies damit auf etwas hin, das ich nie gewusst hatte: Christentum ist keine Religion. Religion kann man definieren als den Versuch des Menschen, seinen Weg zu Gott durch gute Werke zu finden. Im Christentum dagegen kommt Gott durch Jesus Christus zu den Menschen und bietet ihnen eine Verbindung zu ihm an. Wahrscheinlich gibt es an den Universitäten mehr Leute mit einer falschen Vorstellung vom Christentum als sonst irgendwo in der Gesellschaft. Vor Jahren traf ich in einem Oberseminar einen Assistenten, der bemerkte: »Jeder, der in eine Kirche geht, wird ein Christ.« – »Werden Sie denn auch ein Auto, wenn Sie in eine Garage gehen?«, fragte ich zurück. Das hat nichts miteinander zu tun. Christ wird man nur, wenn man sein Vertrauen auf Christus setzt.

Meine neuen Freunde forderten mich auf, die Behauptung, dass Jesus Christus Gottes Sohn ist, intellektuell zu überprüfen; so auch die Behauptungen, dass er menschliche Gestalt annahm und unter ganz normalen Männern und Frauen lebte, dass er am Kreuz für die Sünden der Menschheit starb, dass er begraben wurde und drei Tage später wiederauferstand und dass er das Leben eines Menschen in unserem Jahrhundert verändern kann.

Ich hielt das für eine Farce. Ich war der festen Meinung, die meisten Christen seien wandelnde Idioten. Ich war einigen von ihnen begegnet. Ich wartete nur darauf, dass ein Christ im Hörsaal das Wort ergriff, um dem Professor zuvorzukommen und ihn »auseinanderzunehmen«. Ich dachte, wenn ein Christ auch nur eine Gehirnzelle hätte, müsste sie vor Einsamkeit sterben. Ich hatte damals vom Christsein keine Ahnung.

Diese Leute forderten mich immer wieder heraus. Schließlich ging ich darauf ein. Aber ich tat es aus Stolz, um ihre Aussagen zu widerlegen. Ich wusste nicht, dass es Beweismaterial gibt, das man mit dem Verstand beurteilen kann.

Nach umfangreichen Untersuchungen und Nachforschungen kam mein Verstand schließlich zu dem Ergebnis, dass Jesus Christus der gewesen sein muss, der er nach seinen Behauptungen war.

Mein Versuch, das Christentum zu widerlegen, wurde zum Hintergrund für meine ersten beiden Bücher. Als ich es nicht widerlegen konnte, wurde ich am Ende selber zum Christen. Ich habe jetzt viele Jahre damit verbracht, ausführlich zu dokumentieren, warum ich überzeugt bin, dass der Glaube an Jesus Christus den intellektuellen Ansprüchen standhalten kann. Eine der entscheidenden Fragen bei meinem Versuch, das Christentum ad absurdum zu führen, konzentrierte sich auf die Auferstehung Jesu Christi.

Ein Student der Universität von Uruguay fragte mich: »Professor McDowell, warum können Sie das Christentum nicht intellektuell widerlegen?«

»Ich kann ein Ereignis der Geschichte nicht wegerklären«, war meine Antwort.

Nachdem ich dieses Thema mehr als 1000 Stunden lang studiert und dessen Grundlagen eingehend erforscht hatte, sah ich mich zu der Schlussfolgerung gezwungen, dass die Auferstehung Jesu Christi entweder einer der gottlosesten und bösartigsten Schwindel ist, der dem menschlichen Geist jemals zugemutet wurde, oder sie ist die großartigste Tatsache der Geschichte. Sie ist entweder die größte Täuschung oder das größte Wunder, von dem die Geschichte berichtet.

Die entscheidende Frage

Das Problem der Auferstehung entfernt die entsprechende Frage (»Ist das Christentum wahr?«) aus dem Bereich der Philosophie und macht sie zwingend zu einer Frage der Geschichte.

Hat das Christentum eine historisch akzeptable Basis?

Existieren ausreichende Beweise, um den Glauben an die Auferstehung zu rechtfertigen?

Einige der Tatsachen, die für die Auseinandersetzung mit der Auferstehung Bedeutung haben, sind folgende:

Jesus von Nazareth, ein jüdischer Rabbi und Wundertäter, behauptete, der Christus zu sein, der in den alten jüdischen Schriften angekündigt worden war. Er wurde gefangen genommen, als politischer Verbrecher verurteilt und gekreuzigt. Drei Tage nach seinem Tod und Begräbnis gingen einige Frauen zu seinem Grab und stellten fest, dass der Leib verschwunden war. Seine Jünger behaupteten, dass Gott ihn von den Toten auferweckt habe und dass er ihnen mehrmals erschienen sei, bevor er in den Himmel auffuhr.

Von dieser Grundlage aus verbreitete sich das Christentum im gesamten Römischen Reich. Seitdem hat es in all den vergangenen Jahrhunderten großen Einfluss ausgeübt.

Hat die Auferstehung tatsächlich stattgefunden? War das Grab Jesu wirklich leer? Die Kontroverse über diese Frage hält noch heute an.

Zusammenfassung

Im College war ich ein Studentenführer. Ich war aber, wie jeder Mensch, auf einer frustrierenden Suche nach der wahren Quelle des Glücks und der Freiheit. Ich begegnete einer kleinen Gruppe von Studenten und Professoren, die behaupteten, dass Jesus ihr Leben verändert habe. Ich hörte deshalb zu, weil sie die Liebe auch lebten, von der sie sprachen. Als Skeptiker akzeptierte ich ihre Herausforderung, die Behauptungen verstandesmäßig zu untersuchen, dass Jesus Christus Gottes Sohn ist, dass er begraben wurde und drei Tage später wiederauferstand und dass er das Leben eines Menschen in unserem Jahrhundert verändern kann.

Überraschenderweise konnte ich das Christentum nicht widerlegen, da ich ein entscheidendes Ereignis der Geschichte nicht ausklammern konnte – die Auferstehung Jesu Christi. Ich wurde überzeugter Christ. Dieses Buch dokumentiert, was ich in mehr als 1000 Stunden des Studiums dieser kontroversen Frage entdeckt habe.

Neun klare Beobachtungen

Bei meinem Versuch, das Christentum zu widerlegen, machte ich neun klare Beobachtungen zur Auferstehung, die mir vorher überhaupt nicht ins Bewusstsein gekommen waren.

Beobachtung 1 – Zeugnis der Geschichte

Vor meinen Forschungen über die Auferstehung war mir niemals bewusst geworden, dass es so viele eindeutige historische, literarische und juristische Fakten gibt, die ihre Glaubwürdigkeit unterstützen.

Fachmann für römische Geschichte

Professor Thomas Arnold, 14 Jahre lang Rektor von Rugby, Autor des dreibändigen Werkes *History of Rome*[1] und Lehrstuhlinhaber für Neue Geschichte in Oxford, war mit dem Wert von Beweisen zur Bestimmung historischer Fakten wohlvertraut.

Dieser große Gelehrte sagte: »Ich bin seit vielen Jahren gewohnt, die Geschichte früherer Zeiten zu studieren und die Berichte derer zu untersuchen und zu bewerten, die darüber geschrieben haben, und ich kenne keine Tatsache in der Geschichte der Menschheit, die bei einer fairen Untersuchung durch bessere und umfassendere Belege aller Art bewiesen wird als das große Zeichen, das Gott uns gegeben hat, nämlich dass Christus starb und wieder von den Toten auferstand.«[2]

Textkritiker

Brooke Foss Westcott, ein englischer Wissenschaftler, sagte: »Wenn man alle Zeugnisse zusammennimmt, ist es nicht übertrieben, zu sagen, dass kein historisches Ereignis durch mehr oder verschiedenartigere Beweise gestützt wird als die Auferstehung Christi. Nichts anderes als die vorgefasste Meinung, sie müsse falsch sein, konnte die vermessene Idee hervorbringen, es gäbe einen Mangel an Beweismaterial.«[3]

Professor für Alte Geschichte

Dr. Paul L. Maier, Professor für Alte Geschichte an der Western Michigan University, kam zu dem Ergebnis: »Wenn man alle Zeugnisse sorgfältig und fair abwägt, ist es nach den Gesetzen der historischen Forschung tatsächlich gerechtfertigt, die Schlussfolgerung zu ziehen, dass das Grab, in dem Jesus bestattet worden war, am Morgen des ersten Ostertages wirklich leer war. Nicht die Spur eines Beweises ist bisher in den literarischen Quellen, Inschriften oder in der Archäologie gefunden worden, die diese Feststellung widerlegen könnte.«[4]

Oberrichter

Lord Caldecote, Oberrichter von England, schrieb: »Der Anfang meines Glaubens gründete auf das, was nach meiner Meinung in der Bibel enthüllt wurde. Besonders als ich zum Neuen Testament kam, schienen mir die Evangelien und die anderen Schriften der Männer, die Freunde Jesu gewesen waren, einen überwältigenden Beweis darzustellen – einfach ein genaues Zeugnis der Tatsachen, die darin festgestellt wurden. Je näher ich dem wichtigsten Test für die Behauptungen Jesu Christi kam, nämlich seiner Auferstehung, und so oft ich die Zeugnisse untersuchte, haben sie mich zu der festen Überzeugung geführt, dass es sich fraglos um eine Tatsache handelt.«[5]

Juristische Autorität

Ein Mann, der große Erfahrung im Umgang mit Beweismitteln hatte, war Dr. Simon Greenleaf, Professor für Jura an der Harvard University. Greenleaf verfasste ein berühmtes dreibändiges Werk mit dem Titel *A Treatise on the Law of Evidence*[6], das immer noch als eine der größten Einzelautoritäten zu diesem Thema in der gesamten Literatur über Prozessverfahren gilt.

Greenleaf untersuchte den Wert der historischen Zeugnisse für die Auferstehung Jesu Christi, um die Wahrheit zu ermitteln. Er wandte die Prinzipien an, die sein dreibändiges Werk über Beweisführung enthält. Seine Ergebnisse wurden in seinem Buch *An Examination of the Testimony of the Four Evangelists by the Rules of Evidence Administered in the Courts of Justice*[7] festgehalten.

Greenleaf kam zu der Feststellung, dass nach den Gesetzen der Beweisführung, wie sie vor Gericht angewandt werden, mehr Beweise für die historische Tatsache der Auferstehung Jesu Christi existieren als für jedes andere Ereignis in der Geschichte.

Kronanwalt

Der Engländer John Singleton Copley, besser bekannt als Lord Lyndhurst, ist als einer der größten Juristen der britischen Geschichte anerkannt. Er war zweiter Kronanwalt der britischen Regierung, Kronanwalt von Großbritannien und dreimal Großkanzler von England. Außerdem wurde er zum Großhofmeister der Universität Cambridge gewählt. Damit hatte er die höchsten Ämter inne, die jemals ein Richter in Großbritannien in seiner Lebenszeit auf sich vereinen konnte.

Nach Copleys Tod fand man in seinen persönlichen Unterlagen seine Kommentare hinsichtlich der Auferstehung im Licht juristischer Beweisführung und auch eine Begründung, warum er Christ geworden war: »Ich weiß sehr gut, was ein Beweis ist; und ich versichere Ihnen, eine solche Beweisführung wie die für die Auferstehung ist noch niemals zusammengebrochen.«[8]

Der Oberrichter von England, Lord Darling, sagte einmal, dass »kein vernünftiges Gericht der Welt zu einer anderen Entscheidung kommen könnte, als dass die Geschichte von der Auferstehung wahr ist«[9].

Rationalistischer Rechtsanwalt

Dr. Frank Morison, ein Rechtsanwalt, der in einer rationalistischen Umgebung aufgewachsen war, kam zu der Überzeugung, dass die Auferstehung nichts weiter sei als das märchenhafte Happy End, das die unvergleichliche Geschichte von Jesus einfach verlangte. Er glaubte, es sich selbst und anderen schuldig zu sein, ein Buch zu schreiben, das die Wahrheit über Jesus enthielt und die mythische Geschichte von der Auferstehung zerstreute.

Als er jedoch die Tatsachen überprüfte, kam auch er zu einem anderen Ergebnis. Das pure Gewicht der Beweise zwang ihn zu der Erkenntnis, dass Jesus tatsächlich von den Toten auferstanden ist. Morison schrieb sein Buch – aber nicht so, wie er es geplant hatte. Die Originalausgabe trägt den Titel *Who Moved the Stone?*[10] Das erste Kapitel trägt bezeichnenderweise die Überschrift: »Das Buch, das sich weigerte, geschrieben zu werden«.

Literarisches Genie

Der Gelehrte C.S. Lewis, früher Professor für Englische Literatur des Mittelalters und der Renaissance an der Universität Cambridge, wies in seinem Bericht über seinen Übertritt zum Christentum darauf hin, dass er geglaubt hatte, die Christen seien im Unrecht. Das Letzte, was Lewis wollte, war, das Christentum zu akzeptieren. Er schrieb: »Im Frühjahr 1926 saß mir der hartgesottenste Atheist, den ich kannte, in meinem Zimmer am Kamin gegenüber und bemerkte, die Beweislage für die historische Wahrheit der Evangelien sei überraschend gut. ›Eine seltsame Sache‹, fuhr er fort, ›nach all dem Gerede Frazers über den sterbenden Gott. Eine seltsame Sache! Es sieht fast so aus, als ob das Ganze wirklich einmal geschehen wäre.‹

Um die erschütternde Wirkung dieser Aussage auf mich zu verstehen, müssten Sie den Mann kennen, der bisher niemals irgendein Interesse am Christentum gezeigt hatte. Wenn er, der zynischste der Zyniker, der härteste der Harten, nicht ›sicher‹ war, wohin konnte ich mich dann noch wenden? Gab es denn kein Entkommen?«

Nachdem Lewis Grundlagen und Beweise des Christentums abgewägt hatte, stellte er fest, dass es in den Religionen dieser Welt »keinen so historischen Anspruch gibt wie im Christentum«. Seine Kenntnis der Literatur führte ihn zwangsweise dazu, die Evangelien als glaubhaften Bericht anzusehen. »Ich war inzwischen in der Literaturkritik so erfahren, dass ich die Evangelien nicht als Mythen betrachten konnte.«

Schließlich musste Professor Lewis seine starke ablehnende Haltung zum Christentum aufgeben und eine vernünftige Entscheidung treffen: »Sie müssen sich vorstellen, wie ich Nacht für Nacht allein in meinem Zimmer in Magdalen saß. Sobald sich mein Geist auch nur eine Sekunde von meiner konzentrierten Arbeit entfernte, fühlte ich die ständige hartnäckige Annäherung dessen, dem ich nicht begegnen wollte. Was ich so sehr gefürchtet hatte, geschah am Ende mit mir. Im Sommersemester 1929 gab ich auf und gestand mir ein, dass Gott Gott war, kniete nieder und betete. In jener Nacht war ich wahrscheinlich der niedergeschlagenste und widerstrebendste Bekehrte in ganz England.«[11]

Einer der Hauptgründe, warum ich dieses Buch schreibe, ist es, die historischen Beweise vorzulegen, die diese Männer und zahllose andere entdeckten, als sie mit der Feststellung konfrontiert wurden, dass »am dritten Tag das Grab leer war«.

Beobachtung 2 – Vorhersage der Auferstehung

Christus sagte voraus, dass er am dritten Tag auferstehen werde. Seine Aussagen werden in allen vier Evangelien bestätigt. Als Jesus nach Jerusalem ging, nahm er die zwölf Jünger zur Seite und sagte ihnen: »Siehe, wir gehen hinauf nach Jerusalem, und der Sohn des Menschen wird den Hohenpriestern und Schriftgelehrten überliefert werden; und sie werden ihn zum Tod verurteilen und werden ihn den Nationen überliefern, damit sie ihn verspotten und geißeln und kreuzigen; und am dritten Tag wird er auferstehen.«[12]

Markus berichtet in seinem Evangelium: »Und er begann sie zu lehren, dass der Sohn des Menschen vieles leiden und verworfen werden müsse von den Ältesten und den Hohenpriestern und den Schriftgelehrten und dass er getötet werden und nach drei Tagen auferstehen müsse.«[13]

Johannes bestätigt das: »Jesus antwortete und sprach zu ihnen: ›Brecht diesen Tempel ab, und in drei Tagen werde ich ihn aufrichten.‹ Da sprachen die Juden: ›Sechsundvierzig Jahre ist an diesem Tempel gebaut worden, und du willst ihn in drei Tagen aufrichten?‹«[14]

Beobachtung 3 – Historische Basis

Die historische Tatsache der Auferstehung ist die eigentliche Basis für die Echtheit des Christentums. Um es auf einen Nenner zu bringen: Die Auferstehung Jesu Christi und das Christentum stehen und fallen gemeinsam. Das eine kann ohne das andere nicht existieren.

Kein Christentum ohne Auferstehung

Der Apostel Paulus unterstrich diesen Punkt, als er schrieb: »Wenn es aber keine Auferstehung der Toten gibt, so ist auch Christus nicht auferweckt; wenn aber Christus nicht auferweckt ist, so ist also auch unsere Predigt vergeblich, vergeblich auch euer Glaube. Wir werden aber auch als falsche Zeugen Gottes befunden, weil wir in Bezug auf Gott bezeugt haben, dass er den Christus auferweckt habe, den er nicht auferweckt hat, wenn wirklich Tote nicht auferweckt werden. Denn wenn Tote nicht auferweckt werden, so ist auch Christus nicht auferweckt. Wenn aber Christus nicht auferweckt ist, so ist euer Glaube nichtig; ihr seid noch in euren Sünden.«[15]

Dr. J. N. D. Anderson, Professor für Orientalisches Recht und Direktor des »Institute of Advanced Legal Studies« an der Universität London, schloss seine Nachforschungen über die Auferstehung mit folgender Aussage ab: »Es ist unmöglich, dass jemand das Neue Testament zum ersten Mal liest und dabei nicht den überwältigenden Eindruck gewinnt, dass er hier eine Glaubensgrundlage vorfindet, die fest in einigen Ereignissen wurzelt, hinsichtlich derer man behauptet, dass sie historisch sind. Es ist ein Glaube, der falsch und irreführend wäre, wenn diese Ereignisse nicht wirklich stattgefunden hätten, aber der – wenn sie stattgefunden haben – einmalig in seiner Bedeutung und ausschließlich in seiner Forderung nach unserer Gefolgschaft ist.«[16]

Das Neue Testament geht noch einen Schritt weiter und lehrt, dass gerade die Auferstehung glaubhaft bezeugt, dass Jesus der Sohn Gottes ist.[17]

Die Auferstehung war so entscheidend, dass Jesus bereit war, auf dem Weg dahin alles Erforderliche auf sich zu nehmen.

Selbst Dr. David Friedrich Strauß, ein ungläubiger Skeptiker, der alles Übernatürliche in den Evangelien heftig kritisiert hat, war zu der Anerkennung gezwungen, dass die Auferstehung »der Prüfstein nicht nur für das Leben Jesu, sondern für das gesamte Christentum« ist. Sie »berührt das Christentum in seinem Innersten« und ist »entscheidend für die gesamte Betrachtung des Christentums«.

Wer sagt, dass Jesus eine starke Betonung auf seine Auferstehung legte, bringt die ganze Angelegenheit nur unzureichend zum Ausdruck: Es geht nicht nur um eine Betonung, sondern um eine Tatsache.

Ein verwirrter Hindu

Alles, was Jesus Christus lehrte, wofür er lebte und starb, war abhängig von seiner Auferstehung. Anhängern verschiedener Religionen fällt es besonders schwer, diese

Betonung zu verstehen. Fast alle Religionen dieser Welt basieren auf theologischen Ansprüchen oder einer Ideologie, nicht aber auf der historischen Tatsache der Identität ihres Gründers oder einem Ereignis in Raum und Zeit. Die Abhängigkeit des christlichen Glaubens von der Geschichte ist für viele Hindus fast unglaublich.

Lesslie Newbigin berichtete vom Erstaunen eines Ramakrishna-Missionslehrers. Dieser gebildete Hindu war von der Behauptung eines Christen verblüfft, dass sein christlicher Glaube auf »der grundlegenden historischen Wahrheit des Berichtes über Jesus im Neuen Testament« beruhe.

Der Hindu, der das Christentum nicht verstand, hielt es für »unumstößlich, dass solch wesentliche Angelegenheiten religiöser Wahrheit nicht von den Zufällen der Geschichte abhängen dürften. Wenn die Wahrheiten, die Jesus verkörperte und lehrte, wahr sind, dann sind sie immer und überall wahr.«[18]

Beobachtung 4 – Intelligenter Glaube

Meine vierte Beobachtung hinsichtlich des Christentums war eine ziemliche Überraschung. Es war mir oft unterschwellig in den Sinn gekommen, dass die Christen einem blinden, unwissenden Glauben folgten. H.L. Mencken brachte meine frühere Einstellung zum christlichen Glauben am besten zum Ausdruck, als er sagte: »Glauben kann man kurz definieren als die unlogische Überzeugung vom Vorhandensein des Unwahrscheinlichen.«

Je mehr ich den christlichen Glauben in seiner historisch-biblischen Ausprägung studierte, umso deutlicher erkannte ich, dass es sich um einen »intelligenten Glauben« handelt. Wenn jemand in den Schriften aufgefordert wurde, zu glauben, war damit immer ein wissender Glaube gemeint. Jesus sagte: »Ihr werdet die Wahrheit erkennen, und die Wahrheit wird euch frei machen.«[19]

Ein Schriftgelehrter fragte Jesus: »›Lehrer, welches ist das große Gebot in dem Gesetz?‹ Er aber sprach zu ihm: ›*Du sollst den Herrn, deinen Gott, lieben mit deinem ganzen Herzen und mit deiner ganzen Seele und mit deinem ganzen Verstand.* Dieses ist das große und erste Gebot.‹«[20] Niemals wird jemand aufgefordert, geistigen Selbstmord zu begehen, indem er Christus als Erlöser und Herrn vertraut. Stattdessen wird der Gläubige angewiesen, bereit zu sein, immer eine Antwort (und zwar eine vernünftige Antwort) auf die Frage zu geben, warum er glaubt.[21]

Dr. George Eldon Ladd bemerkte, dass »Glauben keinen Sprung in die Dunkelheit bedeutet, keine irrationale Leichtgläubigkeit, keine Überzeugung gegen den Augenschein und gegen den Verstand. Er bedeutet Überzeugung im Licht historischer Fakten, in Übereinstimmung mit dem Augenschein und auf der Grundlage von Zeugenaussagen.«

Beobachtung 5 – Die Möglichkeit von Wundern

Wenn man die Tatsache der Auferstehung historisch untersuchen will, müssen zunächst die Vorurteile beseitigt werden, die alles Übernatürliche und alle Wunder ausschließen.

Es gibt eine Einstellung, die wiederholt auftaucht, wenn man die Geschichte untersucht. Es ist etwas, das ich den »Hume-Katzenjammer« nenne. Es ist das Argument Humes, dass der Glaube durch die Wahrscheinlichkeit gerechtfertigt werden kann und dass die Wahrscheinlichkeit wiederum auf der Gleichförmigkeit und Folgerichtigkeit der Natur beruhe. Mit anderen Worten: Es ist richtig, nur den Dingen Glauben zu schenken, die den gewöhnlichen menschlichen Erfahrungen entsprechen. Alles, was im Hinblick auf die normale menschliche Erfahrung *einmalig* ist (wie ein Wunder), sollte verworfen werden.

Was z. B. ist wahrscheinlicher: Die Zeugen der Auferstehung Jesu haben sich geirrt, oder Jesus ist von den Toten auferstanden?

Gemäß der »modernen wissenschaftlichen Einstellung« Humes ist die Antwort offensichtlich, weil Wunder einfach nicht geschehen können.

Eine natürliche Erklärung

Eine andere Möglichkeit, diese vorgefasste Meinung hinsichtlich der Geschichte auszudrücken, ist die Behauptung, dass wir in einem geschlossenen Universum leben, in das kein Element des Übernatürlichen eindringen kann. Mit anderen Worten: Jedes Ereignis (ob vergangen, gegenwärtig oder zukünftig) muss eine natürliche Erklärung haben. Das schließt die Einwirkung des Übernatürlichen vollkommen aus – gleichgültig, was geschieht oder wie stark der Beweis ist. Diese Einstellung verlangt, dass das Übernatürliche oder Wunderbare zurückzuweisen ist, selbst gegen den Augenschein.

Ein Philosoph zieht Schlüsse

Ich erhielt eine Einladung als Gastdozent für einen Philosophiekurs. Der zuständige Professor war auch Leiter dieses Fachbereichs. Nachdem ich literarische und historische Beweise für die Göttlichkeit Christi vorgelegt hatte, begann der Professor, mich mit Fragen und Vorwürfen hinsichtlich der Auferstehung zu bombardieren. Nach ungefähr zehn Minuten unterbrach uns ein Student und stellte dem Professor eine sehr verständige Frage: »Was, glauben Sie, geschah am ersten Ostertag?«

Der Professor sah mich an, dann wieder den Studenten: »Ich weiß nicht, was geschah«, sagte er vorsichtig. Doch ehe der Student sich dazu äußern konnte, fügte er hinzu: »Aber es war keine Auferstehung!«

»Sind Sie zu diesem Ergebnis gelangt, weil Sie die historischen Fakten untersucht haben?«, wollte der Student wissen.

Die Antwort lautete: »Nein! Es beruht auf meiner philosophischen Meinung.«

An einer anderen großen Universität übergaben einige Studenten dem Vorsitzenden der historischen Abteilung mein erstes Buch *Evidence That Demands a Verdict*[22] zur Beurteilung. Nach mehreren Monaten besuchte einer der Studenten den Vorsitzenden und fragte ihn nach seiner Meinung dazu.

»Es enthält einige der schlüssigsten historischen Argumente für das Christentum, die ich je gelesen habe«, antwortete der Professor.

Dann fügte er hinzu: »Aber ich komme nicht zu dem gleichen Resultat wie Mr. McDowell.«

»Warum nicht?«, fragte der Student erstaunt.

»Weil meine philosophische Meinung dagegenspricht«, erhielt er zur Antwort.

Es gab keinen Mangel an Beweisen. Der Schluss wurde jedoch gegen sie gezogen.

Die Grenzen Humes

Professor Lawrence Burkholder, Vorsitzender des »Department of the Church« an der Harvard Divinity School, gestand, dass sein Zugang zur Geschichte stark durch Humes Argument beeinflusst worden war, nämlich dass etwas Wahres mit der Gleichförmigkeit der Natur übereinstimmen müsse. Nachdem er jedoch erkannte, dass jedes historische Ereignis in gewisser Weise und in einem gewissen Maße einmalig ist, bekannte er: »Ich beginne, die Grenzen Humes zu erahnen.«[23]

Professor Burkholder sagte, dass Humes Argument gegen Wunder »die Möglichkeit begrenzt, ein Ereignis zu akzeptieren, das von mir später als Tatsache erkannt wird. Diese Theorie besagt, dass ich nichts glauben kann, was sich nicht mit früheren Erfahrungen deckt. Aber ich bemerke, wie ich mich immer mehr weigere, Zukunftsprognosen zu erstellen. Ich sehe mich immer vorsichtiger werden, wenn es darum geht, zu beurteilen, was möglich und was nicht möglich ist bzw. was in der Zukunft geschehen könnte und was nicht. Und ebendiese Vorsicht gewinnt in mir allmählich die Gestalt einer Abneigung gegen eine Beurteilung dessen, was in der Vergangenheit geschehen sein könnte und was nicht.«[24]

Professor Burkholder fügte hinzu: »Ich meine, das Recht zu besitzen, wenigstens für die Möglichkeit offen zu sein, dass etwas geschehen sein könnte, das wir in Analogie zu oben Gesagtem als Auferstehung bezeichnen.«[25]

Professor Clark Pinnock sprach von einer Art Vertrauen hinsichtlich der Methodenlehre Humes und von der Notwendigkeit, alle historischen Ereignisse zu neutralisieren. Er wies darauf hin, dass »die Erfahrung gegen Wunder nur dann einheitlich ist, wenn wir wissen, dass alle Berichte über Wunder falsch sind. Das wissen wir jedoch nicht. Niemand hat ein so unfehlbares Wissen von Naturgesetzen, dass er von vornherein die bloße Möglichkeit von einmaligen Ereignissen ausschließen kann. Die Wissenschaft kann uns sagen, was geschehen ist, aber sie kann uns nicht sagen, was geschehen kann oder nicht geschehen kann. Sie beobachtet Ereignisse, sie schafft sie nicht. Der Historiker schreibt nicht vor, was die Geschichte enthalten kann; er ist offen für alles, was die Zeugen berichten. Eine Berufung auf Hume lässt Unkenntnis der Geschichte erkennen.«[26]

Prof. Dr. Wolfhart Pannenberg von der Universität München fügte hinzu: »Die Frage, ob etwas zu einer bestimmten Zeit, vor einigen tausend Jahren geschehen ist oder nicht, kann nur anhand historischer Untersuchungen festgestellt werden.«[27]

Historische Forschung notwendig

Dr. John Warwick Montgomery schrieb über diejenigen, die noch immer das geschlossene System verteidigen, das besagt, dass alle Ereignisse eine natürliche Erklärung haben müssen. Er erklärte: »Seit Einstein hat niemand mehr das Recht, aufgrund seiner Kenntnis der Naturgesetze die Möglichkeit von Ereignissen auszuschließen. Unsere einzige Chance zu erfahren, ob ein Ereignis eintreten kann, ist die Überprüfung, ob es tatsächlich eingetreten ist. Das Problem der Wunder muss daher im Bereich historischer Nachforschungen gelöst werden und nicht im Bereich philosophischer Spekulationen.«[28]

Mit dem Ende des Newtonschen Zeitalters müssen wir Raum für das Unvorhersagbare lassen, für das unerwartete und unberechenbare Element im Universum.[29]

Dr. Vincent Taylor, ein prominenter Kritiker des Neuen Testaments, warnte vor zu großem Dogmatismus unter den Gelehrten. Hinsichtlich der Grenzen der Wissenschaft bei der Beurteilung des Wunderbaren schrieb er seinerzeit: »In den letzten 50 Jahren sind wir zu oft durch Entdeckungen verblüfft worden, die vorher als unmöglich bezeichnet worden waren. Wir haben die Spaltung des Atoms erlebt, und wir haben Wissenschaftler, die das Universum eher für einen großen Gedanken als für eine große Maschine halten. Diese Änderung des Blickwinkels beglaubigt natürlich nicht das Übernatürliche; aber sie deutet darauf hin, dass unter den richtigen Bedingungen Wunder nicht unmöglich sind. Kein wissenschaftliches oder philosophisches Dogma steht im Wege.«[30]

Der Franzose Ernest Renan leugnete die Auferstehung Jesu Christi. Er gestand, seine Nachforschungen über das Leben Christi unter folgender Voraussetzung begonnen zu haben: »So etwas wie Wunder gibt es nicht. Daher hat die Auferstehung nicht stattgefunden.« Eine solche Einstellung würde vor einem Gerichtshof niemals toleriert werden. Renans Schlussfolgerung über die Auferstehung Christi basierte *nicht* auf einer historischen Untersuchung, sondern auf philosophischer Spekulation.

Diese Gesinnung gleicht der eines Mannes, der sagt: »Ich habe meine Entscheidung getroffen – verwirre mich jetzt nicht mit Tatsachen.«

Beobachtung 6 – Tatsache, nicht Legende

Eine weitere Überraschung für mich war, dass die Anhänger Christi den Unterschied zwischen Tatsache und Legende, zwischen Realität und Fantasie kannten. Jahrelang hatte ich den Vorwurf gehört, dass zur Zeit Jesu die Menschen dazu neigten, an Mythen zu glauben. Der Kritiker Rudolf Bultmann wollte uns glauben machen, dass die Zeitgenossen Jesu primitiv und naiv waren. Doch die Forschung hat festgestellt, dass der Mensch des 1. Jahrhunderts längst nicht so naiv war, wie oft angenommen wird.

Der Apostel Petrus rief aus: »Denn wir haben euch die Macht und Ankunft unseres Herrn Jesus Christus nicht kundgetan, indem wir ausgeklügelten Fabeln folgten, sondern als solche, die Augenzeugen seiner herrlichen Größe geworden sind.«[31] Und der Apostel Paulus warnte die Menschen davor, achtzuhaben auf »Fabeln und endlose Geschlechtsregister«[32].

Obwohl die Menschen im 1. Jahrhundert kein so großes Wissen vom Universum und den Naturgesetzen besaßen wie wir heute, wussten sie, dass Blinde gewöhnlich blind bleiben. Daher waren sie auch so erstaunt, als Jesus den Blinden in Johannes 9 heilte.

»Von Ewigkeit her«, sagten sie, »ist nicht gehört worden, dass jemand die Augen eines Blindgeborenen aufgetan hat.«[33]

Sie wussten auch, dass *Tote dazu neigen, tot zu bleiben.* Wie Paulus auf dem Areopag in Athen[34] behandelt wurde, zeigt, dass es dem Menschen der antiken Welt ebenso schwerfiel, an die Auferstehung zu glauben, wie das bei uns heute der Fall ist.

Dann war da Thomas, der »ungläubige Thomas« genannt. Er meinte etwa: »Ich brauche ein paar Beweise.« Er sagte ausdrücklich: »Wenn ich nicht in seinen Händen das Mal der Nägel sehe und meinen Finger in das Mal der Nägel lege und meine Hand in seine Seite lege, so werde ich nicht glauben.«[35]

Wenig später sagte Jesus zu Thomas: »Reiche deinen Finger her und sieh meine Hände, und reiche deine Hand her und lege sie in meine Seite, und sei nicht ungläubig, sondern gläubig!«[36]

Thomas antwortete: »Mein Herr und mein Gott!«[37]

Beobachtung 7 – Naturwissenschaftliche Methode nicht anwendbar

Viele Leute sind der Ansicht, dass nichts als wahr gelten kann, was nicht naturwissenschaftlich beweisbar ist. Wenn ich im Hörsaal einer Universität von den historischen Aspekten der Auferstehung spreche, werde ich ständig mit der Frage konfrontiert: »Können Sie das wissenschaftlich nachweisen?« Ich antworte sofort: »Nein!« Die moderne naturwissenschaftliche Methode lässt sich nicht anwenden, wenn es um die Erforschung der Ereignisse um Tod, Begräbnis und Auferstehung Jesu Christi geht. Die Naturwissenschaft ist unfähig, sie zu ergründen.

Beobachtung durch Wiederholung

Ein naturwissenschaftlicher Beweis besteht darin, zu zeigen, dass etwas eine Tatsache ist, indem man das Geschehen in Gegenwart der Person wiederholt, die die Tatsache infrage stellt. Es wird eine kontrollierbare Umgebung hergestellt. Es werden Beobachtungen angestellt, Daten aufgezeichnet und Hypothesen empirisch nachvollzogen.

Die »naturwissenschaftliche Methode ist verbunden mit dem Messen von Phänomenen, Experimenten und wiederholter Beobachtung«[38]. Dr. James B. Conant, ehemaliger Präsident von Harvard, schrieb: »Naturwissenschaft ist eine untereinander verbundene Reihe von Begriffen und Methoden, die sich als Ergebnis von Experimenten und Beobachtungen entwickelt haben.«[39]

Das *Basic Dictionary of Science*[40] beschreibt naturwissenschaftliche Kenntnis als »Wissen, das auf der Beobachtung und Überprüfung von Tatsachen beruht«[41]. Die *Harper Encyclopedia of Science*[42] beschreibt die naturwissenschaftliche Methode als »Gesamtheit der Techniken kontrollierter Beobachtung, die bei der Suche nach Wissen angewandt werden«[43].

Naturwissenschaft ist begrenzt

Die wichtigste Voraussetzung der Naturwissenschaft besteht darin, in der Lage zu sein, durch fortgesetzte Beobachtungen bei der Überprüfung einer Hypothese Daten zu sammeln. Daher ist die »moderne naturwissenschaftliche« Methode nur auf wiederholbare Ereignisse und Tatsachen anwendbar. Als einzigartiges Geschehen in der Geschichte liegt damit die Auferstehung Jesu Christi außerhalb des Bereiches naturwissenschaftlicher Forschung. Die Unmöglichkeit einer Wiederholung in kontrollierter Umgebung macht die Schlüsseltechnik der naturwissenschaftlichen Methode nicht anwendbar. In meinem Buch *Wer ist dieser Mensch?* erläutere ich den Unterschied zwischen der naturwissenschaftlichen und der juristischen Methode in der Wahrheitsfindung. (Entsprechende bibliografische Angaben zu diesem Buch finden Sie in der Endnote 263.)

Beobachtung 8 – Historische Kriterien

Die Auferstehung Christi muss nach denselben Kriterien untersucht werden wie jedes andere vergangene Ereignis der Geschichte. Der Glaube der Frühchristenheit gründete sich auf Tatsachen. So sagten die Anhänger Christi z. B., dass er sich ihnen »in vielen sicheren Kennzeichen« lebendig gezeigt habe.[44] Lukas benutzte dafür das Wort *tekmerion*. Das bezeichnet einen »nachprüfbaren Beweis«.

Es wurde mir klar, dass meine Nachforschungen die historischen Kriterien einschließen mussten, wenn ich entdecken wollte, was wirklich an jenem ersten Ostertag geschah.

Ausreichende Beweise notwendig

Wir leben in einer Welt, die angemessene Beweise für den Glauben verlangt. Es ist die Verpflichtung dieses Buches, diese Beweise für die Auferstehung vorzulegen.

Wolfhart Pannenberg war Professor für Systematische Theologie an der Universität München. Er hat sich vorwiegend mit Fragen des Zusammenhangs zwischen Glauben und Geschichte befasst. Dieser brillante Gelehrte sagte: »Ob die Auferstehung Jesu stattgefunden hat oder nicht, ist eine historische Frage, und die historische Frage ist an diesem Punkt unausweichlich. Daher muss die Frage auf der Ebene historischer Untersuchung beantwortet werden.«[45]

Man muss an das Beweismaterial mit einer ehrlichen, fairen Geschichtsauffassung herangehen. Die Untersuchung darf nicht durch vorgefasste Meinungen oder Vorurteile beeinflusst werden. Es ist eine zwingende Notwendigkeit, die Beweise für sich selbst sprechen zu lassen.

Der Historiker Ronald Sider schrieb über die Notwendigkeit der Objektivität in der historischen Forschung: »Wie verhält sich der kritische Historiker, wenn sein Material sehr stark auf die Realität eines Ereignisses hinweist, das seinen Erwartungen widerspricht und gegen die naturalistische Sicht der Realität geht? Er stellt fest, dass er seinen eigenen, kritisch analysierten Quellen folgen muss. Es ist unwissenschaftlich, von der philosophischen Voraussetzung auszugehen, dass Wunder nicht geschehen können. Wenn wir solche einseitigen Voraussetzungen nicht vermeiden, wird die historische Interpretation zur reinen Propaganda.

Wir haben ein Recht darauf, fundierte Beweise für ein angebliches Ereignis zu verlangen, das wir selbst nicht miterlebt haben, aber wir wagen nicht, die Realität nach unserer begrenzten Erfahrung zu beurteilen.

Und ich möchte zu bedenken geben, dass wir gute Beweise für die Auferstehung des Jesus von Nazareth haben.«[46]

Der richtige Zugang

Der Theologe Ethelbert Stauffer, der in Erlangen lehrte und sich auch mit historischen Themen befasste, gab weitere Anregungen für den Zugang zur Geschichte: »Was tun wir als Historiker, wenn wir Überraschungen erleben, die all unseren Erwartungen entgegenlaufen, vielleicht sogar all unseren Überzeugungen und selbst der gesamten Wahrheitsauffassung unserer Zeit? Wir sagen, was ein großer Historiker in solchen Augenblicken zu sagen pflegte: ›Es ist sicher möglich.‹«[47]

Der Historiker Philip Schaff fügte dem Gesagten Folgendes hinzu: »Es ist nicht das Ziel des Historikers, eine Geschichte nach vorgefassten Meinungen zu konstruieren und sie seinen eigenen Wünschen anzupassen. Vielmehr soll er sie nach den besten Erkenntnissen wiedergeben und sie für sich selbst sprechen lassen.«[48]

Wenn es darum geht, die historische Echtheit Jesu zu beurteilen, dann sollte er ebenso unvoreingenommen betrachtet werden wie jede andere Gestalt in der Geschichte. Dr. F. F. Bruce von der Universität Manchester in England bestätigte, dass »die historische Realität Christi für einen unbefangenen Historiker ebenso erwiesen ist wie die des Julius Cäsar. Es sind nicht die Historiker, die die Theorien vom ›Christus-Mythos‹ propagieren.«[49]

Eine kritische Haltung

Der letzte historische Test für die Auferstehung ist die Feststellung, ob die beschriebenen Tatsachen von den Beweisen gestützt werden. An diesem Punkt erkennt man, dass man vorsichtig vorgehen und die Daten über Christi Auferstehung sorgfältig prüfen muss. Ein kritischer Historiker würde die Zeugen kontrollieren wollen, den Tod durch Kreuzigung nachprüfen sowie die Bestattungsvorgänge und die Berichte untersuchen, dass Jesus am dritten Tag lebte und das Grab leer war. Außerdem wäre es sinnvoll, jede mögliche Erklärung für diese Geschehnisse in Betracht zu ziehen. In diesem Stadium würde man andere bekräftigende Beweise prüfen und dann einen angemessenen Schluss ziehen.

Klingt das für Sie interessant? Nun, genau das werde ich auf folgenden Seiten ausführen.

Beobachtung 9 – Zuverlässiges historisches Dokument

Das Neue Testament stellt die primäre historische Quelle für die Auferstehung dar. Deshalb haben viele Kritiker des 19. und 20. Jahrhunderts die Zuverlässigkeit dieser Texte angegriffen. Das Prinzip des sogenannten »alten Dokuments« in dem Werk *Federal Rules of Evidence* sieht ein Dokument als echt an, wenn bewiesen wird, dass das Dokument

a) in einem Zustand ist, der keinen Zweifel hinsichtlich seiner Authentizität zulässt;
b) sich an einem Ort befand, wo man es erwarten würde, wenn es authentisch ist, und es
c) zu dem Zeitpunkt, da es vorgelegt wird, seit mindestens 20 Jahren existiert hat.[50]

Dr. John Warwick Montgomery, Rechtsanwalt und Dekan der »Simon Greenleaf School of Law«, sagte zur Anwendung der Regel des »alten Dokuments« auf das Neue Testament: »Angewandt auf die Berichte der Evangelien und verstärkt durch verantwortungsvolle (Text-)Kritik, würde diese Regel vor jedem Gerichtshof standhalten.«[51]

F.C. Baur hat, zusammen mit anderen Kritikern, angenommen, dass die Schriften des Neuen Testaments nicht vor dem späten 2. Jahrhundert nach Christus geschrieben worden seien. Er schloss daraus, dass diese Schriften im Grunde auf Mythen und Legenden beruhen, die sich während des Zeitraums, der zwischen der irdischen Lebenszeit Jesu und der Niederschrift dieser Berichte lag, entwickelt hatten.

Zeitliche Einordnung der Entstehung des Neuen Testaments

Gegen Ende des 19. Jahrhunderts bestätigten jedoch archäologische Entdeckungen die Genauigkeit des Neuen Testaments. Die Entdeckung früher Papyrusmanuskripte überbrückte die Lücke, die zwischen der Zeit Christi und den damals bereits bekannten Manuskripten aus späterer Zeit bestanden hatte. Detaillierte Informationen hierüber sind in meinem Buch *Evidence That Demands a Verdict* enthalten.

Diese Funde steigerten das Vertrauen der Gelehrten in die Zuverlässigkeit der Bibel.

William Albright, einer der herausragendsten Archäologen der Welt, sagte: »Wir können schon mit Bestimmtheit sagen, dass es keine solide Grundlage mehr gibt, die Entstehung irgendeines Buches des Neuen Testaments später als um das Jahr 80 n. Chr. zu datieren. Das sind zwei ganze Generationen früher als das Datum zwischen 130 und 150 n. Chr., das die radikaleren zeitgenössischen Kritiker des Neuen Testaments angeben.«[52]

Zeitgleich mit der Entdeckung der Papyri kam auch eine Vielzahl anderer Manuskripte ans Licht. Dr. John A. T. Robinson, Lektor am »Trinity College« in Cambridge, war viele Jahre lang einer der ausgezeichnetsten Kritiker Englands. Er akzeptierte die übereinstimmende Ansicht, die von der deutschen Forschung ausging, wonach das Neue Testament viele Jahre nach der Zeit Christi (am Ende des 1. Jahrhunderts und noch später) geschrieben wurde. Es war für ihn kaum mehr als ein theologisches Spielchen, als er sich entschloss, die Argumente für die späte Datierung des Neuen Testaments zu untersuchen – ein Forschungsgebiet, das seit ca. 1900 im Großen und Ganzen brachlag.

Die Resultate erstaunten ihn. Er sagte, dass aufgrund der »Faulheit« von Gelehrten, »der Tyrannei ungeprüfter Annahmen« und der »fast absichtlichen Blindheit« früherer Autoren ein großer Teil der alten Argumentation unhaltbar war. Er kam zu dem Ergebnis, dass das Neue Testament das Werk der Apostel selbst oder von Zeitgenossen sei, die mit ihnen zusammenarbeiteten, und dass alle Bücher des Neuen Testaments, einschließlich des Evangeliums nach Johannes, vor dem Jahre 64 n. Chr. geschrieben worden sein müssen.[53]

Robinson forderte seine Kollegen auf, den Versuch zu unternehmen, ihn zu widerlegen. Wenn die Gelehrten sich der Frage wieder annähmen, so war er überzeugt, würden die Ergebnisse sie dazu zwingen, »viele ›Einführungen in das Neue Testament‹ … neu zu schreiben«[54]. Davon wäre schließlich auch seine Theologie betroffen.

Glaubwürdigkeit der Manuskripte

Als ich meine Nachforschungen über die Zuverlässigkeit der Bibel beendete und im Jahre 1973 *Evidence That Demands a Verdict* veröffentlichte, war ich in der Lage, allein 14000 Manuskripte des Neuen Testaments nachzuweisen. 1980 brachte ich dieses Buch auf den neuesten Stand und gab es neu heraus, da eine riesige Menge neuen Forschungsmaterials verfügbar war. Jetzt kann ich 24633 Manuskripte allein in Bezug auf das Neue Testament nachweisen.

Die Bedeutung der Vielzahl von Manuskripten, die das Neue Testament dokumentieren, ist umso größer, wenn man weiß, dass dasjenige Buch, das in der gesamten Geschichte am zweitbesten durch Manuskripte belegt ist, die *Ilias* von Homer ist. Von ihr sind 643 Manuskripte erhalten.

Die große Anzahl von Manuskripten, die das Neue Testament in seiner Echtheit beglaubigen, bewegte Sir Frederic Kenyon, eine der führenden Autoritäten für die Zuverlässigkeit alter Schriftstücke, Folgendes zu schreiben: »Der Abstand zwischen den Daten der ursprünglichen Kompositionen und des frühesten erhaltenen Belegs wird so klein, dass er tatsächlich unwesentlich ist, und jedem Zweifel daran, dass die Schriften im Wesentlichen so zu uns gekommen sind, wie sie geschrieben wurden, ist nun jede Grundlage entzogen. Sowohl die Authentizität als auch die allgemeine Echtheit des Neuen Testaments können jetzt als endgültig nachgewiesen gelten.«[55]

F. F. Bruce machte folgende Beobachtung: »Die Belege für unsere neutestamentlichen Schriften sind so viel besser als diejenigen für die Schriften vieler klassischer Autoren, deren Authentizität aber niemand auch nur im Traum infrage stellen würde.«[56]

Er stellte weiter fest: »Wenn das Neue Testament eine Sammlung weltlicher Schriften wäre, würde man an seiner Authentizität nicht zweifeln.«[57]

Manche Kritiker des Neuen Testaments behaupten, dass die Urgemeinde die Reden Jesu und die Geschehnisse um ihn erfunden habe. Andere beharren auf der These, dass die Tatsachen über die Ereignisse um das Leben Jesu erst so spät aufgeschrieben wurden, dass sie zweifellos verfälscht wiedergegeben wurden. So wird unterstellt, dass wir keinen vertrauenswürdigen Bericht über die Worte und das Leben Christi besitzen.

Kurzer Zeitraum

Wie können diese Behauptungen widerlegt werden? Es gibt viele Gründe, vertrauensvoll zu glauben, dass wir heute einen zuverlässigen Bericht über die tatsächlichen Worte Jesu und die Geschehnisse um sein Leben besitzen.

Der erste ist, dass die Entdeckungen von Manuskripten und die sich anschließende historische Forschung zeigen, dass das Zeitelement zwischen den Ereignissen aus Christi Leben und dem entsprechenden niedergeschriebenen Bericht nicht ausreicht, um seine Genauigkeit infrage zu stellen.

Dr. Paul L. Maier, Professor für Alte Geschichte an der Western Michigan University, schrieb: »Die Einwände, die Christenheit habe ihren ›Ostermythos‹ über einen längeren Zeitraum ersonnen, oder die Quellen seien erst viele Jahre nach dem Ereignis geschrieben worden, entsprechen einfach nicht den Tatsachen.«[58]

Indem er die Schlussfolgerungen der Kritiker zugunsten einer späteren Urheberschaft analysierte, schrieb Albright: »Nur moderne Wissenschaftler, denen sowohl die historische Methode als auch die richtige Perspektive fehlen, können ein solches Netz von Spekulationen spinnen, mit dem einige Kritiker die Überlieferung des Evangeliums umgeben haben.«

Er fügte hinzu, dass der Zeitraum zwischen Geschehen und schriftlicher Fixierung zu gering sei, um irgendeine erkennbare Verfälschung am wesentlichen Inhalt oder selbst am speziellen Wortlaut der Reden Jesu unterstellen zu müssen.[59]

Im Hinblick auf die Vertrauenswürdigkeit der neutestamentlichen Schriften sagte Millar Burrows von Yale: »Ein weiteres Resultat, das aus dem Vergleich des neutestamentlichen Griechisch mit der Sprache der Papyri hervorgeht, ist ein wachsendes Vertrauen auf die genaue Textüberlieferung des Neuen Testaments selbst.«[60]

Er sagte außerdem, dass »die Texte mit einer bemerkenswerten Genauigkeit übermittelt worden sind, sodass kein Zweifel hinsichtlich der von ihnen vermittelten Lehre angebracht ist«[61]. Der Forscher Howard Vos erklärte: »Vom Standpunkt der literarischen Belege aus gesehen, ist die einzig logische Schlussfolgerung die, dass die Gründe für die Zuverlässigkeit des Neuen Testaments unendlich viel stärker sind als für jeden anderen Bericht des Altertums.«[62]

Berichte von Augenzeugen

Ein zweiter Grund für die Vertrauenswürdigkeit der neutestamentlichen Berichte über Christus ist, dass sie von den Augenzeugen selbst oder nach deren Berichten geschrieben wurden.

Dr. Louis Gottschalk schrieb über die Untersuchung zur Genauigkeit einer Quelle: »Die Fähigkeit, die Wahrheit zu berichten, beruht zum Teil auf der Nähe des Zeugen zum Ereignis. *Nähe* wird hier sowohl im geografischen als auch im chronologischen Sinne gebraucht.«[63]

Die Verfasser des Neuen Testaments berichteten: »Wir haben euch die Macht und Ankunft unseres Herrn Jesus Christus nicht kundgetan, indem wir ausgeklügelten Fabeln folgten, sondern als solche, die Augenzeugen seiner herrlichen Größe geworden sind.«[64]

Sie sagten, Jesus habe sich ihnen »nach seinem Leiden in vielen sicheren Kennzeichen lebend dargestellt … indem er ihnen vierzig Tage hindurch erschien«[65].

Lukas, der Arzt, schrieb: »Da es ja viele unternommen haben, eine Erzählung von den Dingen zu verfassen, die unter uns völlig geglaubt werden, so wie es uns die überliefert haben, die von Anfang an Augenzeugen und Diener des Wortes gewesen sind, hat es auch mir gut geschienen, der ich allem von Anfang an genau gefolgt bin, es dir, vortrefflichster Theophilus, der Reihe nach zu schreiben.«[66]

Obwohl die Augenzeugen vor Gericht einen Ehrenplatz einnehmen, geht man immer mehr dazu über, ihre Aussagen nach psychologischen Faktoren zu bewerten, die den Einzelnen beeinflussen: Länge der Zeit, Entfernung vom Gegenstand, Sichtbarkeit, Stress, Furcht usw.[67]

Psychologische Faktoren

Dr. Elizabeth F. Loftus, Professorin für Psychologie an der University of Washington (Seattle), schrieb, dass »Menschen, die Zeugen eines furchtbaren Ereignisses werden, sich an die Einzelheiten weniger genau erinnern, als sie es bei einem gewöhnlichen Geschehen könnten. Stress oder Furcht mindert das Wahrnehmungsvermögen und damit auch die Erinnerungsfähigkeit. Stress kann auch die Fähigkeit einer Person beeinflussen, sich an etwas zu erinnern, das sie in der Periode relativer Ruhe beobachtet oder erfahren hat.«[68]

Die Augenzeugenberichte über Jesus nach seiner Auferstehung werden durch Dr. Loftus' Schlussfolgerungen bestärkt. Sie handeln nicht von einem flüchtigen Blick auf einen Fremden mit furchterregender Waffe in einer dunklen Straße. Seine Anhänger verbrachten eine Zeit mit jemandem, den sie kannten und liebten. Obwohl es Stress und Aufregung gegeben haben muss – Jesus musste ihnen sagen, sie sollten sich nicht fürchten –, wurden sie bei seinen wiederholten Erscheinungen (er erschien ihnen über einen Zeitraum von 40 Tagen hinweg) hinsichtlich ihrer Erinnerung immer sicherer.

Selbst wenn die zahlreich vorhandenen Augenzeugen des Neuen Testaments keine Garantie für 100%ige Zuverlässigkeit böten, wäre es doch außerordentlich schwierig, zu behaupten, dass jeder von ihnen denselben Fehler bei der Identifizierung Jesu machte. Die Berichte der Augenzeugen, dass sie Christus nach seiner Auferstehung lebend gesehen haben, wären vor jedem Gericht sehr überzeugend.

Die Regel vom Hörensagen

McCormick's Handbook of the Law of Evidence[69], eine ausgezeichnete Abhandlung über die Analyse von Beweismaterial, sagt: Das Beharren des Rechtssystems darauf, nur die zuverlässigsten Informationsquellen zu benutzen, offenbare sich am besten in der Forderung, dass ein Zeuge, der über eine sinnlich wahrnehmbare Tatsache aussagt, die Gelegenheit gehabt haben muss, die Tatsache zu beobachten, und sie auch tatsächlich beobachtet haben muss.[70]

Der Schwerpunkt dieser Regel vom Hörensagen liegt darin, dass Hörensagen als Beweismittel vor Gericht nicht zugelassen ist. In dem bereits erwähnten Werk *Federal Rules of Evidence* heißt es, dass ein Zeuge nur über etwas aussagen kann, das er aus eigenem Erleben weiß, nicht aber über etwas, das er indirekt aus anderen Quellen erfahren hat.[71]

Hinsichtlich der Bewertung einer Aussage »aus eigenem Erleben« wies Dr. Montgomery darauf hin, dass das Neue Testament die Forderung nach einem Beweismittel »aus erster Hand« erfüllt. Er schrieb, dass der Bericht des Neuen Testaments vollkommen gerechtfertigt ist durch die konstante Versicherung seiner Autoren, nur weiterzugeben, »was wir gehört haben, was wir mit unseren Augen gesehen haben, was wir betrachtet und unsere Hände berührt haben«[72].

Wissen aus erster Hand

Nach dem Bericht des Evangelisten Matthäus waren die ersten Personen, die von der Auferstehung hörten,

Maria Magdalena »und die andere Maria«[73]. Sie erfuhren von dem Ereignis durch einen Engel, der auf dem Grabstein saß. Wenn die beiden Marias von der Auferstehung erneut erzählt hätten, wäre das unter die Rubrik »Hörensagen« gefallen. (Dies betraf natürlich nicht den Nachweis, dass der Engel dort gewesen war und zu ihnen gesprochen hatte.) Wenn die beiden Frauen vor Gericht die Worte des Engels zitiert hätten, um die Auferstehung Jesu zu bestätigen, so hätte man dies im Bereich »Hörensagen« einordnen müssen, und damit wäre es nicht gültig gewesen. Nicht die Glaubwürdigkeit des Engels wird bezweifelt; die Regel vom Hörensagen stellt vielmehr die Genauigkeit und vielleicht auch die Ehrlichkeit der Person infrage, die von dem Ereignis erzählt.

Dieses Problem wird jedoch durch das persönliche Erscheinen Jesu vor den Frauen gelöst.[74] Weil die Frauen auf diese Weise selbst erlebtes Wissen hinsichtlich der Tatsache erlangten, dass Christus von den Toten auferstanden war, wären sie in der Lage gewesen, das vor Gericht zu bezeugen. Sie waren nicht Zeugen des eigentlichen Geschehens; aber die Tatsache, dass sie das Ergebnis gesehen hatten, rechtfertigte hinreichend ihren Schluss, dass die Auferstehung stattgefunden hatte.

Matthäus berichtet auch kurz von Jesu Erscheinen vor den elf Jüngern.[75] Wenn die Erscheinung nicht vor den Jüngern persönlich stattgefunden hätte, wären sie durch die Regel vom Hörensagen nicht in der Lage gewesen, die Auferstehung Jesu glaubhaft zu bezeugen. Aufgrund der Tatsache, dass sie Christus lebendig gesehen hatten, traf die Regel vom Hörensagen jedoch nicht zu.

Lukas gibt uns einen Bericht von den beiden Männern auf dem Weg nach Emmaus, denen Christus erschien. Diese Männer demonstrierten, wie schnell Hörensagen unglaubwürdig wird. Sie glaubten nicht an den Bericht der Frauen über das, was der Engel ihnen gesagt hatte. Sie glaubten, dass das Grab leer war; ob Christus aber wirklich lebte, war unsicher, denn »ihn … sahen sie nicht«[76]. Erst als Jesus sich diesen beiden Männern zu erkennen gab, konnten sie glauben.

Das Buch des Lukas endet, wie auch die Bücher des Matthäus und Markus, mit dem Erscheinen Christi vor allen Jüngern. Jesus war sich des normalen Misstrauens gegenüber dem bloßen Hörensagen vollkommen bewusst. Wir sind oft abgeneigt, das zu glauben, was ein anderer erfahren oder erlebt hat; noch weniger aber glauben wir das, was einem anderen erzählt wurde.

Das beste Beispiel für diese Skepsis ist der »ungläubige« Thomas.[77] Trotz der Berichte über Erscheinungen Jesu vor den Männern, die Thomas wahrscheinlich näherstanden als allen anderen, war die Geschichte von der Auferstehung für ihn noch immer unglaublich. Er verlangte Wissen aus erster Hand, das aus eigener Erfahrung gewonnen wurde.

Schriftliche Berichte

Sind die schriftlichen Berichte von Augenzeugen zuverlässig? In dem Werk *Federal Rules of Evidence* heißt es, dass den Berichten eines Zeugen Glauben geschenkt wird, wenn gezeigt werden kann, »dass sie von dem betreffenden Zeugen angefertigt oder aufgenommen wurden, als die Angelegenheit noch frisch in seinem Gedächtnis war und dieses Wissen korrekt wiedergegeben werden konnte«[78]. Manche werden fragen, ob Matthäus und Johannes ihre Erinnerungen festhielten, als sie noch frisch in ihrem Gedächtnis waren. Wir wissen nicht, wie bald nach diesen großen Ereignissen die Jünger ihre Evangelien geschrieben haben. Doch gleichgültig, wie lange es her gewesen sein mag – man kann mit Sicherheit davon ausgehen, dass die Tatsache, dieselbe Person lebendig zu sehen, die zumindest Johannes drei Tage vorher hatte sterben sehen, einfach ein Ereignis ist, das man nicht vergisst.

Man kann sich gut vorstellen, dass die Jünger noch viele Jahre später sagten: »Ich erinnere mich daran, als ob es gestern gewesen wäre.«

Gegenwart von kenntnisreichen Augenzeugen

Ein dritter Grund für die historische Zuverlässigkeit besteht darin, dass die neutestamentlichen Berichte von der Auferstehung schon zu Lebzeiten derer verbreitet wurden, die zur Zeit der Auferstehung lebten. Daher konnte die Richtigkeit dieser Berichte damals bestätigt oder infrage gestellt werden.

Wenn diejenigen, die das Neue Testament schrieben, sich für die Verbreitung des Evangeliums einsetzten, dann beriefen sie sich hinsichtlich der Auferstehung auf allgemein Bekanntes.

Petrus forderte seine Zuhörer heraus: »Männer von Israel, hört diese Worte: Jesus, den Nazaräer, einen Mann, von Gott vor euch bestätigt durch mächtige Taten und Wunder und Zeichen, die Gott durch ihn in eurer Mitte tat, *wie ihr selbst wisst* ...«[79]

Gegenwart von feindseligen Augenzeugen

Ein weiterer Grund, warum es in den Erzählungen über das Leben und die Lehren Christi keinen Raum für Mythen, Legenden oder Ungenauigkeiten gibt, ist folgender: Sie wurden zu Lebzeiten derjenigen verbreitet, die der christlichen Bewegung extrem feindlich gegenüberstanden.

Ein erstklassiges Mittel zur Beurteilung der Glaubwürdigkeit eines Zeugen ist das Kreuzverhör, weil das Kreuzverhör durch eine gegnerische Partei die Glaubwürdigkeit eines Zeugen erweist und seine möglichen Vorurteile und Voreingenommenheiten enthüllt.[80]

Richter Ruffin erweiterte in »State vs. Morris«[81] das Prinzip vom »Kreuzverhör« noch: »Alle Gerichtsverfahren gehen von der Idee aus, dass dem menschlichen Zeugnis einiges Vertrauen zukommt und dass dieses Vertrauen in demselben Maße wächst und gefestigt wird, wie ein Zeuge einem gründlichen Kreuzverhör unterworfen wird.«[82]

Bezüglich der Anwendung des »Kreuzverhörprinzips« auf die Verkündigung der Auferstehung schrieb der Juraprofessor Dr. John Montgomery: »Diese Regel unterstreicht die Zuverlässigkeit der Zeugnisse für Christi Auferstehung, die in den Synagogen zur gleichen Zeit vorgebracht wurden – in Gegenwart der Opposition, unter feindseligen Gegnern, die sicherlich die Sache des Christentums vernichtet hätten, wären die Tatsachen anders gewesen.«[83]

F. F. Bruce, Professor für Bibelwissenschaft und Exegese an der Universität Manchester, sagte über den Wert der Überprüfung der neutestamentlichen Berichte durch mündlich aussagende Widersacher: »Hätte es irgendeine Neigung gegeben, in irgendeinem wesentlichen Punkt von den Tatsachen abzuweichen, hätte die Anwesenheit von feindlich gesinnten Zeugen in der Zuhörerschaft als weiteres Korrektiv gewirkt.«[84]

Es gibt drei Stufen für historische Zeugnisse: Beobachtung, Erinnerung und Bericht.[85] Die »erbitterten Feinde« dieser neuen Bewegung, die sich um Christus gruppierte, waren bereit, jeden übereifrigen Anhänger herauszufordern, der etwa die Absicht gehabt hätte, ein Wunder hinzuzufügen oder eine Geschichte zu verschönern, um Christus anziehender zu machen. Diese »feindseligen Zeugen« waren bereit, jede Entstellung in »Beobachtung, Erinnerung und Bericht« all dessen zu korrigieren, was Jesus tat und lehrte.[86]

Der Theologe Stan Gundry fragte: »Ist es möglich, dass sie falsche Behauptungen über sein Leben, das sie alle so gut kannten, als Tatsachen hätten durchgehen lassen? Das Christentum würde sich selbst der Lächerlichkeit preisgegeben haben, hätte es solche Geschichten erfunden, um sich zu verewigen.«[87]

Die Apostel, die sicherlich den Wunsch hatten, den Herrn zu ehren, konnten kein Interesse daran haben, ihm Tatsachen zuzuschreiben, die nicht von ihm ausgingen. Außerdem: Hunderte von Menschen in der Urgemeinde müssen ein mächtiger Faktor gewesen sein, wenn es darum ging, die Wahrhaftigkeit der Tradition zu bewahren.

Bestätigung durch die Archäologie

Louis Gottschalk schrieb, die allgemeine Glaubwürdigkeit eines Autors oder Dokuments sei abhängig von »dem Ruf des Autors in der Wahrheitsliebe, dem Fehlen von Selbstwidersprüchen innerhalb des Dokuments, dem Fehlen von Widersprüchen in Bezug auf andere Quellen und der Freiheit von Anachronismen. Die Art und Weise, in der das Zeugnis des Autors zu anderweitig bekannten Tatsachen passt, hilft, die allgemeine Glaubwürdigkeit festzustellen.«[88]

Mit anderen Worten: »Übereinstimmung oder Vereinbarkeit mit anderen bekannten historischen, geografischen oder wissenschaftlichen Fakten ist oft der entscheidende Test für ein Zeugnis.«[89]

Sir William Ramsay war einer der größten Geografen, die je gelebt haben. Er befasste sich eingehend mit der deutschen historischen Schule des 19. Jahrhunderts. Als er eine topografische Studie von Kleinasien anfertigte, stand er unter dem Sachzwang, auch die Schriften des Lukas zu berücksichtigen. Er hatte die feste Überzeugung gehabt, dass das Buch der Apostelgeschichte in der Mitte des 2. Jahrhunderts nach Christus entstanden ist. Aufgrund der überwältigenden Beweise, die durch seine Nachforschungen zutage kamen, musste er seinen Glauben jedoch vollkommen revidieren.

Lukas' bewiesene Zuverlässigkeit

Hinsichtlich der Fähigkeiten des Lukas als Historiker schloss Ramsay nach 30-jährigem Studium: »Lukas ist ein Historiker ersten Ranges; nicht nur seine Tatsachenbehauptungen sind vertrauenswürdig. Dieser Autor sollte unter die allergrößten Historiker eingereiht werden.«[90]

Ramsay fügte hinzu: »Die Geschichte des Lukas ist im Hinblick auf ihre Glaubwürdigkeit unübertroffen.«[91]

Zeitweise wurde Lukas als ungenau betrachtet, weil er die obrigkeitlichen Vertreter von Philippi als *Praetoren* bezeichnete, denn nach Meinung der »Gelehrten« sollten zwei *Duumvirn* die Stadt regiert haben. Aber wie üblich hatte Lukas recht. Funde haben gezeigt, dass der Titel *Praetor* von den Beamten römischer Kolonien verwendet wurde.

Auch Lukas' Wahl des Wortes *Prokonsul* als Titel für Gallio[92] hat sich als richtig erwiesen, wie eine Inschrift aus Delphi zeigt, in der es u. a. heißt: »Als Lucius Junius Gallio, mein Freund und der Prokonsul von Achaia …«

Die Inschrift aus Delphi (52 n. Chr.) gibt uns einen festen Zeitraum zur Datierung des 1½-jährigen Dienstes des Paulus in Korinth. Wir wissen aus anderen Quellen, dass Gallio sein Amt am 1. Juli übernahm, dass seine Amtszeit als Prokonsul nur ein Jahr dauerte und dass dieses Jahr sich mit der Arbeit des Paulus in Korinth überschnitt.

Lukas gibt Publius, dem führenden Mann auf Malta, den Titel »der Erste der Insel«[93]. Inschriften, die man ausgegraben hat, geben ihm ebenfalls den Titel »Erster«.

Ein weiterer Punkt, der für Lukas' Zuverlässigkeit spricht, ist die Verwendung des Wortes *Politarchen* zur Bezeichnung der zivilen Behörden von Thessalonich.[94] Da Politarchen in der klassischen Literatur nicht vorkommen, hat man wiederum angenommen, Lukas habe unrecht.

Inzwischen wurden jedoch 19 Inschriften gefunden, in denen dieser Titel auftaucht. Interessanterweise beziehen sich fünf davon auf führende Persönlichkeiten aus Thessalonich.

Die Archäologen stellten zuerst auch Lukas' Feststellung infrage, dass Lystra und Derbe in Lykaonien lagen, Ikonium aber nicht.[95] Sie gründeten ihre Meinung auf die Schriften von Römern (wie z. B. von Cicero), die darauf hinwiesen, dass Ikonium in Lykaonien gelegen habe müsse. Daher, sagten die Archäologen, sei das Buch der Apostelgeschichte unzuverlässig. Doch Sir William Ramsay fand ein Monument, das Ikonium als phrygische Stadt auswies. Spätere Entdeckungen bestätigten dies.

Unter anderen historischen Hinweisen, die Lukas gibt, findet sich auch einer auf *Lysanias, Vierfürst von Abilene*[96], der zu Beginn des Wirkens von Johannes dem Täufer im Jahre 28 n. Chr im Amt war. Der einzige Lysanias, der den alten Historikern bekannt ist, wurde im Jahre 36 v. Chr. getötet. Doch eine Inschrift, die in der Nähe von Damaskus gefunden wurde, spricht von einem »freien Mann des Lysanias, des Vierfürsten«. Sie wird zwischen 14 und 29 n. Chr. datiert.

Es ist kein Wunder, dass E. M. Blaiklock, Professor für Klassische Philologie an der Universität von Auckland, zu der Feststellung gelangte, dass »Lukas ein vollendeter Historiker« sei, »der sich seine Eigenständigkeit bewahrt hat und sich unter die großen griechischen Autoren einreiht«[97].

Ein genaues Bild

F. F. Bruce von der Universität Manchester stellte fest: »Wo man Lukas der Ungenauigkeit verdächtigte, seine Genauigkeit jedoch durch spätere schriftliche Funde belegt wurde, kann man sagen, dass die Archäologie den Bericht des Neuen Testaments bestätigt hat.«[98] Bruce sagte zur historischen Genauigkeit des Lukas: »Es ist sehr wahrscheinlich, dass ein Mann, dessen Genauigkeit in den Dingen nachzuweisen ist, die wir überprüfen können, auch dort genau ist, wo uns die Mittel zur Überprüfung fehlen. Genauigkeit ist eine Gewohnheit des Geistes, und wir wissen aus guter (oder schlechter) Erfahrung, dass manche Menschen aus Gewohnheit genau sind, ebenso wie man bei anderen davon ausgehen kann, dass sie ungenau sind. Der Bericht des Lukas berechtigt dazu, ihn als Autor von gewohnheitsmäßiger Genauigkeit zu bezeichnen.«[99]

Abschließend kann man sagen, dass das Neue Testament ein richtiges Porträt Christi bietet. Dieser historische Bericht über ihn kann nicht durch Wunschdenken, historische Manipulation oder literarische Manöver *wegrationalisiert* werden.

Zusammenfassung

Bei meinem Versuch, das Christentum zu widerlegen, machte ich neun wichtige Beobachtungen:

1. Die historischen, literarischen und juristischen Belege, die die Auferstehung Jesu Christi stützen, sind gewaltig.
2. Jesus Christus sagte selbst voraus, dass er am dritten Tag auferstehen würde.

3. Die Tatsache der Auferstehung Jesu Christi ist das tragende Fundament, ohne das es kein existenzfähiges Christentum gibt.
4. Der christliche Glaube ist kein Tappen im Dunkeln, sondern ein Glaube, der sich auf vernünftige Überlegungen gründet.
5. Obwohl es nicht objektiv ist, schließen viele Menschen bewusst die Möglichkeit der Auferstehung aus, weil sie ihre Vorurteile gegen Wunder nicht überwinden können.
6. Die Anhänger Christi waren nicht unwissend. Sie kannten den Unterschied zwischen Tatsache und Legende.
7. Die naturwissenschaftliche Methode kann zur Untersuchung der Auferstehung nicht herangezogen werden, da sich einmalige geschichtliche Ereignisse nicht in Gegenwart von Forschern wiederholen lassen.
8. Auf die Untersuchung der Auferstehung Jesu Christi müssen dieselben Kriterien angewandt werden wie auf jedes andere Ereignis der Geschichte.
9. Es existieren reichlich wissenschaftliche Beweise, die dokumentieren, dass das Neue Testament – die Primärquelle für die Auferstehung – den strengsten Regeln zur Überprüfung von Zeugnissen aus dem Fundus der modernen Archäologie standhält. Diese Regeln gelten auch bei sämtlichen Nachforschungen, die man diesbezüglich anstellt.

Sicherheitsmaßnahmen

Sicherheitsmaßnahme 1 – Der Prozess

Jesus wurde zum Prozess vor den römischen Statthalter Pontius Pilatus gebracht. Alle verfügbaren Informationen zeigen, dass Pilatus ein äußerst grausamer und gnadenloser Despot war. Philo berichtet, dass er »für zahllose Gräueltaten und zahlreiche Hinrichtungen ohne jedes Gerichtsverfahren«[100] verantwortlich war.

Archäologische Bestätigung für Pilatus

Bis 1961 waren die einzigen historischen Hinweise auf Pilatus ausschließlich literarischer Art. Dann gruben zwei italienische Archäologen die am Mittelmeer gelegene ehemalige Hafenstadt Cäsarea aus, die als römische Hauptstadt von Palästina diente. Während der Ausgrabungen kam eine 60 x 90 cm große lateinische Inschrift zutage. Antonio Frova konnte die Inschrift rekonstruieren. Zu seiner Überraschung lautete sie: »Pontius Pilatus, Präfekt von Judäa, hat das Tiberium den Cäsaren gewidmet.« Dies war die erste archäologische Entdeckung eines historischen Hinweises auf die Existenz des Pilatus.

Sechs Prozesse

Man muss sich klarmachen, dass gegen Jesus Christus sechs verschiedene Prozesse geführt wurden. Einer fand vor dem Hohenpriester Annas (Hannas)[101] statt, ein anderer vor Kajaphas (Kaiphas)[102], der dritte vor dem Synedrium[103], der vierte vor Pilatus[104], der fünfte vor Herodes[105] und der sechste wieder vor Pilatus[106]. Es gab also drei jüdische (bzw. religiöse) und drei römische (bzw. säkulare) Prozesse.

Warum all diese Unruhen um einen einzigen Mann? Sowohl die römischen als auch die jüdischen Autoritäten hatten verschiedene Gründe, beunruhigt zu sein, wenn Christus weiterhin frei seine Wege ziehen konnte.

Politische Motive

Erstens gab es ein politisches Motiv. Als Jesus auf die Frage des Statthalters[107]: »Bist du der König der Juden?«, antwortete: »Du sagst es«, gab er diesen Autoritäten hinreichende Gründe zur Hinrichtung.

Richter Haim Cohn, ein gelehrtes Mitglied des Obersten Gerichtshofes von Israel, sagte in einem Artikel mit dem Titel »Überlegungen zum Prozess gegen Jesus«: »Es kann kein Zweifel im Blick darauf bestehen, dass ein solches Geständnis dem römischen Recht zur Verurteilung des Angeklagten ausreichte.«[108] Das Vergehen war mit dem Tode[109] zu bestrafen, und der Statthalter war mit dem *ius gladi*, dem Recht zur Fällung von Todesurteilen, ausgestattet.[110]

Professor R.M. Grant von der Universität Chicago äußerte in seinem Aufsatz »The Trial of Jesus in the Light of History«[111] die Ansicht, dass sowohl die Juden als auch die Römer die Äußerung Christi als Hinweis auf das

Königtum interpretierten. Grant glaubt, dass die Idee vom Königtum, die Jesus predigte, nach dem Verständnis sowohl der Juden als auch der Römer die Saat der Rebellion gegen die römische Macht in sich trug.[112]

Solomon Zeitlin schrieb in der »Jewish Quarterly Review«, dass die römischen Behörden nicht nur diejenigen bestraften, die das Volk gegen die Römer aufhetzten, sondern auch Maßnahmen gegen die Führer des Volkes ergriffen. Sie wurden für den Gehorsam des jüdischen Volkes gegenüber dem römischen Staat zur Verantwortung gezogen. Viele jüdische Führer mussten aufgrund der politischen Umstände als Informanten gegen manche der Dissidenten und Revolutionäre unter ihren eigenen Brüdern auftreten, um ihr Leben zu retten.[113]

Die jüdischen Behörden betrachteten Jesus als Bedrohung, nicht nur für die wirtschaftliche Situation der Juden, sondern auch für das politische Wohlergehen des jüdischen Staates, der von den Römern[114] beherrscht wurde. Es war daher sowohl für die Juden als auch für die Römer von Vorteil, wenn der Hohepriester die römischen Behörden über die Aktivitäten Jesu informierte.

Das jüdische Problem

Dr. David Flusser von der Hebräischen Universität in Jerusalem bemerkte, dass die Gefahr eines jüdischen Aufständischen, dessen Anhänger jeden Augenblick rebellieren konnten, für die jüdischen ebenso wie für die römischen Behörden ein Problem darstellte. Aus der Sicht der jüdischen Behörden schrieb Dr. Flusser: »Das Versäumnis, eine mögliche Bedrohung dem Statthalter rechtzeitig anzuzeigen, damit sie noch kontrolliert werden könnte, hätte die Juden weiteren Repressalien aussetzen und zu strengerer Aufsicht führen können. Außerdem war es ein geschickter Schachzug. Sollte es einen Ausbruch des Protestes vonseiten der Anhänger des selbst ernannten Propheten geben, so sollte lieber der römische Statthalter Gegenstand des Volkshasses sein als sie selber. Ungeachtet der Frage, ob die jüdischen Autoritäten die Todesstrafe verhängen konnten oder nicht, war es daher nur vernünftig, Pilatus den Schritt unternehmen zu lassen.«[115]

Das römische Problem

Aus der Sicht des Pilatus, so Flusser, war die Sache ebenso klar: »Sollte er sich weigern, dem Rat der jüdischen Führer zu folgen, die ihre gerissenen und äußerst schwer zu fassenden Landsleute besser durchschauten, als es ein Römer je tun konnte, und sollten sich diese Aufrührer als ernsthafte Bedrohung erweisen, hätte er allen Grund zu zittern bei dem Gedanken an sein eigenes Schicksal in den Händen des gewalttätigen Tiberius.«[116]

Doch Flusser wies darauf hin, dass die Furcht des Pilatus, sich den Zorn der Juden zuzuziehen, nichts war im Vergleich zur Furcht der Juden, den Zorn Roms erdulden zu müssen.

Der Historiker Paul Maier bemerkte, es habe »in Palästina ein Dutzend Aufstände gegeben, seit Pompeius das Land im Jahre 63 v. Chr. erstmals erobert hatte; die meisten von ihnen wurden von der römischen Armee niedergeschlagen. Eine weitere messianische Rebellion unter Jesus von Nazareth konnte nur das unsichere Gleichgewicht der Macht gefährden und – wenn Roms Geduld zu Ende ging – zu einer direkten Besetzung durch römische Legionen führen.«[117] Aus politischen Gründen war Jesus eine Bedrohung.

Wirtschaftliches Motiv

Ein anderes Motiv, Jesus aus dem Weg schaffen zu wollen, war wirtschaftlicher Art. Nachdem er die Tische der Geldwechsler im Tempel umgeworfen hatte, fürchteten sie, er könnte auch weiterhin den Handel im Tempel stören. Möglicherweise befürchteten sie auch einen Aufruhr gegen die Tempelpraktiken durch Tausende von Passahpilgern, die ihn als Messias feierten.

Religiöse Motive

Die weiteren Motive, sich mit Jesus zu befassen, waren persönlicher und religiöser Art. Dieser »religiöse Fanatiker« erwarb sich eine große Anhängerschaft und bereitete den jüdischen Führern enorme Schwierigkeiten. Viele ihrer Lehren wurden von den Anhängern Jesu infrage gestellt.

Zwei jüdische Gerichtshöfe

Das jüdische Rechtssystem bestand aus zwei verschiedenen Synedrien. Ein Synedrium setzte sich aus 23 Mitgliedern zusammen, die sich mit schweren Verbrechen befassten, für die auch die Todesstrafe verhängt werden konnte.[118] Das andere Gremium, nämlich das 71-köpfige Synedrium, nahm sich solcher Fälle an, in die der Hohepriester als höchster Repräsentant des jüdischen Volkes verwickelt war oder bei denen es um ein Vergehen gegen den Staat bzw. den Tempel ging. Es durfte sich nicht mit einem Fall befassen, der eventuell die Todesstrafe zur Folge hatte. Deshalb war es wahrscheinlich das 23-köpfige Synedrium, das Jesus verurteilte. Ein solches gab es in jeder größeren Stadt Judäas.[119]

Schließlich lieferten die jüdischen Behörden, in Zusammenarbeit mit den Römern, Jesus zur Kreuzigung aus, nachdem gegen ihn drei jüdische und drei säkulare Prozesse (zwei vor Pilatus und einer vor Herodes) geführt worden waren.[120] Verschiedene »Sicherheitsmaßnahmen« wurden getroffen, um zu gewährleisten, dass Jesus nach seinem Tod auch sicher begraben blieb.

Sicherheitsmaßnahme 2 – Tod durch Kreuzigung

Alte literarische Texte und Funde sagen nur sehr wenig über die frühe Praxis der Kreuzigung aus. Aber es gibt einige hinreichende Nachweise dafür, dass sie praktiziert wurde.

Geschichte der Kreuzigung

Durch verschiedene Angaben in den Werken des Herodot und des Thukydides lässt sich nachweisen, dass die Perser die Kreuzigung zumindest in einem großen Ausmaß praktizierten, auch wenn sie diese möglicherweise nicht selbst erfanden. Eine der besten Quellen für die Praxis der Kreuzigung ist die *Inschrift von Behistun,* in der Darius berichtet, er habe die verschiedenen Rebellenführer, die er besiegt hatte, kreuzigen lassen. Ein möglicher Grund für die wachsende Popularität der Todesstrafe durch Kreuzigung ist darin zu sehen, dass die Perser den Erdboden ihrem Gott Ahura Mazda geweiht hatten. Diese Art der Hinrichtung verunreinigte die Erde nicht, da der Leichnam sie nicht berührte. Alexander der Große führte die Kreuzigung im Mittelmeerraum, hauptsächlich in Ägypten und Karthago, ein. Allem Anschein nach übernahmen die Römer die Praxis von den Karthagern.

Ein grausamer Tod

Der Tod durch Kreuzigung zählte zu einer der schmachvollsten und grausamsten Foltermethoden der Welt. Cicero nannte sie »die grausamste und scheußlichste aller Foltern«[121]. Will Durant schrieb, dass »selbst die Römer die Opfer bemitleideten«[122].

Flavius Josephus, der jüdische Historiker, der ein Berater des Titus während der Belagerung Jerusalems war, hatte selbst viele Kreuzigungen beobachtet und nannte sie »die erbärmlichste Todesart«[123]. Josephus berichtet, dass die Drohung der Römer, einen jüdischen Gefangenen zu kreuzigen, dazu führte, dass sich die gesamte Garnison von Machärus ergab, um so freies Geleit zu erhalten. Die Kreuzigung war so grausam und erniedrigend, dass die Römer gewöhnlich ihre eigenen Landsleute davon ausschlossen und sie nur bei Sklaven anwandten, um Aufständen entgegenzuwirken, oder bei denjenigen, die sich gegen die römische Herrschaft erhoben. Sie wurde hauptsächlich in politischen Fällen verhängt.

Die Anklage gegen Christus unterstreicht diese Anwendung der Kreuzigung: »Sie fingen aber an, ihn anzuklagen, indem sie sagten: Diesen haben wir befunden als einen, der unsere Nation verführt und wehrt, dem Kaiser Steuer zu geben, und sagt, dass er selbst Christus, ein König, sei.«[124]

Seine Anhänger waren sich der Tatsache bewusst, dass Tiberius zehn Jahre früher erklärt hatte, ein Richter könne jemanden, der gegen Rom rebelliert hatte, sofort hinrichten lassen.

Die Kreuzigung war im jüdischen Strafrecht weitgehend unbekannt. Die Juden kannten die Hinrichtung durch Steinigung, Verbrennen, Enthaupten und Strangulation. Das Hängen wurde später erlaubt.[125] In dem Fall, in dem das jüdische Strafrecht »Aufhängen an einem Galgen« vorschrieb, handelte es sich nicht um eine Todesstrafe, sondern eher um eine erniedrigende Strafe für Götzenanbeter und Gotteslästerer, die bereits zu Tode gesteinigt worden waren.

Das Hängen deutet nach dem Willen des Gesetzes[126] an, dass der Angeklagte bei Gott verflucht war.

Der Brauch der Geißelung

Nachdem das Urteil der Kreuzigung vom Gericht verkündet worden war, war es üblich, den Angeklagten an einen Pfahl im Gerichtshof zu binden. Der Kriminelle wurde entkleidet und dann von den Folterern oder Auspeitschern heftig gegeißelt.

Die Peitsche, *Flagrum* genannt, hatte einen festen Griff, an dem Lederriemen von unterschiedlicher Länge befestigt waren. Scharfzackige Knochen und Bleistücke waren darin eingewebt. Die Juden waren durch ihr Gesetz auf 40 Schläge beschränkt. Die Pharisäer, auf strikte Einhaltung des Gesetzes bedacht, begrenzten ihre Schläge auf 39, damit sie im Falle des Verzählens nicht das Gesetz brachen. Die Römer kannten solche Einschränkungen nicht. Aus Abscheu oder Ärger konnten die Römer die jüdische Einschränkung vollkommen ignorieren, was sie im Falle Jesu wahrscheinlich auch taten.

Aus medizinischer Sicht gesehen

Dr. C. Truman Davis, ein Arzt, der den Vorgang einer Kreuzigung eingehend unter medizinischen Aspekten untersuchte, beschrieb die Wirkung des römischen *Flagrum*, das zur Geißelung benutzt wurde: »Die schwere Peitsche wird immer wieder mit voller Kraft über Schulter, Rücken und Beine geschlagen. Zuerst schneiden die schweren Riemen nur durch die Haut. Dann, wenn die Schläge fortgesetzt werden, schneiden sie tiefer in das subkutane Gewebe und rufen zuerst Blutungen aus den Kapillaren und Venen der Haut hervor. Schließlich spritzt Blut aus den Arterien der darunterliegenden Muskeln. Die kleinen Bleiklumpen rufen zuerst große, tiefe Quetschungen hervor, die durch nachfolgende Schläge aufbrechen. Schließlich hängt die Haut des Rückens in langen Streifen herab, und der ganze Körper ist eine unkenntliche Masse von aufgerissenem, blutendem Gewebe. Wenn der Zenturio vom Dienst feststellt, dass der Gefangene dem Tode nahe ist, werden die Schläge eingestellt.«[127]

Eusebius, ein Historiker des 3. Jahrhunderts, bestätigte Dr. Davis' Schilderung, indem er schrieb: »Die Venen des Leidenden wurden freigelegt, und die Muskeln, Sehnen und Eingeweide des Opfers waren entblößt.«[128] Will Durant sagte, der Körper blieb als »eine Masse von geschwollenem, blutigem Fleisch«[129] zurück. Es war Brauch, nach der Geißelung den Verurteilten zu verspotten, und das taten die römischen Soldaten mit Christus. Sie legten ein purpurnes Gewand als Symbol des Königtums um seine Schultern und setzten eine »Dornenkrone« auf sein Haupt.

Eine Dornenkrone

Welche Art von Dornen für die Krone verwendet wurde, ist nicht bekannt. Eine stammt von einer Pflanze, die als »Syrischer Christusdorn« bezeichnet wird, einem ungefähr 30 cm hohen Strauch mit zwei langen, spitzen, gebogenen Dornen am Ende eines jeden Blattes. Diese Pflanze ist in Israel verbreitet, vor allem in der Gegend um Golgatha, wo Christus gekreuzigt wurde.

Eine andere Pflanze, einfach »Christusdorn« genannt, ist ein winziger Strauch, 10 bis 20 cm hoch. Seine Dornen sind leicht zu pflücken. Die Zweige können leicht zur Form einer Krone gebogen werden; die Dornen sind steif wie Nägel oder Stacheln.

Nachdem sie die Dornenkrone auf Christi Haupt gesetzt hatten, verspotteten die Soldaten ihn, indem sie sagten: »Sei gegrüßt, König der Juden!« Sie spuckten ihn auch an und schlugen ihn mit einem Rohr. Dann führten sie ihn fort, um ihn zu kreuzigen.

Die Last des Kreuzbalkens

Ein Mann, der zur Kreuzigung verurteilt war, musste den Querbalken seines eigenen Kreuzes vom Gefängnis zum Ort seiner Hinrichtung tragen. Dieser Kreuzbalken hat eine einzigartige Geschichte. Die Forschung von Dr. Pierre Barbet hat ergeben, dass »die *Furca* ein Stück Holz in Form eines umgedrehten V war, auf dem die Deichseln der zweirädrigen Karren lagen, wenn sie im Stall standen. Wenn ein Sklave bestraft werden sollte, legte man die *Furca* auf seinen Nacken und band seine Hände darauf fest. So wurde er durch die Nachbarschaft getrieben, wobei er sein Vergehen ausrufen musste. Da nicht immer eine *Furca* verfügbar war, ging man dazu über, einen langen Holzbalken zu verwenden, der dazu diente, Tore zu verriegeln, und den man als *Patibulum* (von *patere*, offen sein) bezeichnete.«[130] Das *Patibulum* wog ungefähr 50 kg und wurde auf die Schultern des Opfers gebunden.

Kreuzigung mit Nägeln

Wenn der Verurteilte den Ort der Hinrichtung erreichte, wurde er an das Kreuz genagelt oder mit Seilen daran festgebunden. Viele haben die historische Richtigkeit des Annagelns von Händen und Füßen infrage gestellt. Der Grund für diese Skepsis ist, dass es dafür lange Zeit so gut wie keinen Beweis in der Geschichte gab. Dr. J. W. Hewitt sagte in seinem Artikel »The Use of Nails in the Crucifixion«[131] in der »Harvard Theological Review«: »Um es zusammenzufassen: Es gibt erstaunlich wenig Beweise dafür, dass die Füße eines gekreuzigten Menschen jemals von Nägeln durchbohrt wurden.«[132] Er sagte weiter, dass die Hände und Füße des Opfers mit Stricken am Kreuz festgebunden wurden.

Jahrelang galt Dr. Hewitts Feststellung als letztes und maßgebendes Wort. Die Schlussfolgerung war daher, dass der Bericht des Neuen Testaments, Christus sei ans Kreuz genagelt worden, falsch und irreführend sei. Die Kreuzigung mit Nägeln wurde als Legende betrachtet. Man glaubte, die Nägel hätten das Fleisch aufgerissen und einen Körper am Kreuz nicht tragen können.

Ein toter Mann spricht

Dann wurde im Juni 1968 eine revolutionäre archäologische Entdeckung gemacht. Unter der Leitung des israelischen Ministeriums für Altertümer und Museen entdeckte der Archäologe V. Tzaferis in Giv'at ha-Mivtar (Ras el-Masaref) in der Nähe des Skopusberges (nördlich von Jerusalem) vier Felsgräber. Diese Familiengräber, die in den weichen Kalkstein geschlagen worden waren, stammen aus der Zeit des späten 2. Jahrhunderts v. Chr. bis 70 n. Chr. Vorhöfe führten zu den Grabkammern, die in 15 Kalkstein-Ossarien die Knochen von 35 Personen enthielten.

Die Feuchtigkeit hatte in vielen Fällen eine Erhaltung der Knochen bewirkt. In fünf Fällen fand man Hinweise auf einen gewaltsamen Tod: einmal durch den Schlag mit einer Keule, ein anderes Mal durch einen Pfeil und ein weiteres Mal durch Kreuzigung.[133] Die Skelette wurden durch Dr. N. Haas von der Abteilung für Anatomie der Hebräischen Universität und der »Hadassah Medical School« untersucht.

Grab I (durch seine Tongefäße ins 1. Jahrhundert n. Chr. datiert) wies eine Anzahl von Ossarien auf. In Ossarium 4, das mit dem Namen Yohanan Ben Ha'galgal beschriftet ist, wurden die Knochen eines männlichen Erwachsenen und eines Kindes gefunden. Ein 17,5 cm langer Nagel war durch das Fersenbein getrieben und beide Beine waren gebrochen worden. Haas berichtete: »Beide Fersenbeine waren von einem großen Eisennagel durchbohrt. Die Schienbeine waren absichtlich gebrochen worden. Todesursache: Kreuzigung.«[134]

Diese Entdeckung aus der Zeit Christi bildet einen soliden archäologischen Beweis für das Annageln von Menschen an ein hölzernes Kreuz. Damit ist nun diese Hinrichtungsmethode, wie sie im Neuen Testament beschrieben wird, nicht mehr ausschließlich durch literarische Belege bezeugt.

Die Knochen in Ossarium 4 bestätigen noch eine weitere Aussage des Neuen Testaments: »Da kamen die Soldaten und brachen die Beine des ersten und des anderen, der mit ihm gekreuzigt war. Als sie aber zu Jesus kamen und sahen, dass er schon gestorben war, brachen sie ihm die Beine nicht.«[135]

Grund für das Brechen der Beine

Hier findet sich wieder ein konkreter Beweis, der den Hinweis des Neuen Testaments auf das Brechen der Beine bestätigt. Um verstehen zu können, warum die Beine gebrochen wurden, muss man den Vorgang der Hinrichtung untersuchen. Die Soldaten fühlten nach der Vertiefung an der Vorderseite des Handgelenks und schlugen dann an dieser Stelle den schweren schmiedeeisernen Nagel ein. Als Nächstes wurden die Beine zusammengelegt, und ein langer Nagel wurde hindurchgeschlagen. Die Knie waren leicht gebeugt, und für die Oberschenkel des Opfers wurde ein Sitz, *sedecula* genannt, am Kreuz befestigt.

Haas gewann am Beispiel von Yohanan die Erkenntnis, dass »die Füße fast parallel befestigt wurden, beide von demselben Nagel an den aneinandergelegten Fersen durchbohrt. Die Knie waren gebeugt, das rechte lag über dem linken; der Rumpf war verdreht; die oberen Gliedmaßen waren ausgestreckt, jedes am Unterarm, oberhalb des Handgelenks, von einem Nagel durchbohrt.«[136]

Die folgende Zeichnung verdeutlicht die Position des Körpers, der an ein Kreuz genagelt wurde.

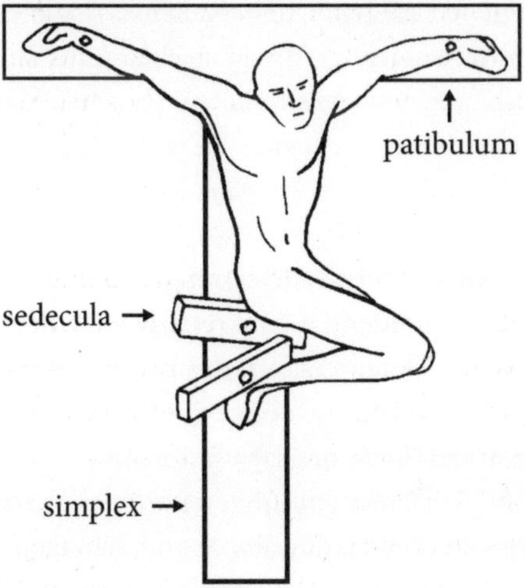

Eine Kreuzigung wurde üblicherweise durch das Brechen der Beine beendet. Dadurch wurde verhindert, dass das Opfer sich aufrichten konnte, um zu atmen.

Dr. Truman Davis, der oben schon zitierte Arzt, beschrieb, was im menschlichen Körper, der kurze Zeit am Kreuz hängt, vorgeht: »Wenn die Arme ermüden, verursachen starke Muskelkrämpfe unbarmherzig pochende Schmerzen. Zu diesen Schmerzen kommt die Unfähigkeit, sich aufrichten zu können. Wenn er an den Armen hängt, werden die Brustmuskeln gelähmt, und die zwischen den Rippen liegenden Muskeln können nicht mehr arbeiten. Die Luft kann in die Lungen eingesogen, aber nicht mehr ausgeatmet werden. Der Gekreuzigte kämpft, um sich aufzurichten und dadurch wenigstens einen kurzen Atemzug tun zu können. Schließlich sammelt sich Kohlendioxid in den

Lungen und im Blutstrom, und die Krämpfe lassen teilweise nach. Stoßweise kann er sich aufrichten, um auszuatmen und den lebensnotwendigen Sauerstoff einzuatmen.«[137]

Nach einer Weile stellt sich ein orthostatischer Kollaps aufgrund unzureichender Blutversorgung des Gehirns und des Herzens ein. Die einzige Möglichkeit für das Opfer, dies zu vermeiden, wäre, sich mit den Füßen aufzurichten, um die Blutzirkulation im oberen Teil des Körpers bis zu einem gewissen Grade wiederherzustellen. Wenn die Richter den Tod beschleunigen oder die Folter beenden wollten, wurden die Beine des Opfers unterhalb der Knie mit einer Keule gebrochen. Dadurch wurde verhindert, dass es sich aufstützen konnte, um den Zug an den Brustmuskeln zu verringern. Es folgte entweder schnelles Ersticken oder Herzversagen. Im Falle Christi wurden die Beine der beiden mit ihm gekreuzigten Verbrecher gebrochen, die Beine Christi aber nicht, da die Henker sahen, dass er schon tot war.

Hervorquellen von Blut und Wasser

Einer der Henker stieß einen Speer in Christi Seite. Wie Johannes 19,34 berichtet, kam dabei »sogleich … Blut und Wasser heraus«. Dr. Davis berichtet, dass es »zu einem Abfluss von wässriger Flüssigkeit aus dem Beutel kam, der das Herz umgibt«. Wir haben daher einen sehr schlüssigen Beweis dafür, dass Christus nicht den normalen Kreuzigungstod durch Ersticken starb.[138]

Dr. Stuart Bergsma, ein Arzt und Chirurg, schrieb: »Bei guter Gesundheit ist normalerweise eine kleine Menge, etwa 20 oder 30 cm^3, Herzbeutelwasser vorhanden. Es ist möglich, dass durch die Wunde, die Herzbeutel und Herz durchdringt, genug Herzbeutelwasser ausfließt, um als Wasser bezeichnet zu werden.«[139]

Dr. Bergsma berichtete weiter, dass die postmortalen Untersuchungen von zerrissenen Herzen in mehreren Fällen zeigen, dass »die Herzbeutelhöhle mit ungefähr 500 cm^3 wässriger Flüssigkeit und frisch geronnenem Blut gefüllt waren«[140].

Zwei andere medizinische Autoritäten stellten fest, dass in Fällen von Herzrissen »der Tod gewöhnlich so plötzlich eintritt, dass man häufig die Person tot zusammenbrechen sieht oder tot auffindet. In der großen Mehrzahl der Fälle handelt es sich um einen vollständigen Riss der Herzwand, der eine starke Herzbeutelblutung hervorruft.«[141]

Römische Bräuche angewendet

Nachdem man das Opfer ans Kreuz genagelt hatte, wurde eine Beschreibung seines Verbrechens am oberen Teil des Kreuzes befestigt. Die Inschrift im Falle Christi lautete: »Jesus, der Nazaräer, der König der Juden«[142].

Nach ihrem Brauch[143] teilten die römischen Soldaten gewöhnlich die Kleider des Opfers untereinander auf. Im Falle Jesu losten sie um das Untergewand, nachdem von den anderen Kleidungsstücken jeder der vier Angehörigen des Hinrichtungskommandos einen Teil bekommen hatte. Pilatus verlangte eine Bestätigung für Christi Tod, ehe der Leib an Joseph von Arimathia[144] übergeben werden durfte. Der Statthalter erlaubte die Abnahme des Leibes Christi vom Kreuz erst, nachdem vier Henker seinen Tod eindeutig festgestellt hatten.

Eine gut erledigte Arbeit

Die Zuverlässigkeit einer zum sicheren Tode führenden Hinrichtung durch Kreuzigung war zur Zeit Christi wohlbekannt. Dr. Paul L. Maier, Professor für Alte Geschichte an der Western Michigan University, schrieb: »Zugegeben, es gibt Berichte von einem Fall, in dem ein Opfer vom Kreuz genommen wurde und überlebte. Der jüdische Historiker Josephus, der in der Rebellion des Jahres 66 n. Chr. auf die römische Seite übergelaufen war, beobachtete, wie drei seiner Freunde gekreuzigt wurden. Er bat den römischen General Titus, sie zu begnadigen, und sie wurden sofort von ihren Kreuzen abgenommen.

Trotzdem starben zwei von ihnen, obwohl sie offenbar nur kurze Zeit am Kreuz gehangen hatten. Im Falle Jesu wurden jedoch noch zusätzliche Foltermaßnahmen getroffen, z. B. Geißelung – ganz zu schweigen von dem schweren Speerstoß, der seinen Brustkorb durchbohrte und wahrscheinlich den Herzbeutel zerriss. Die Römer waren bei Kreuzigungen ungemein tüchtig: Die Opfer kamen *nicht* mit dem Leben davon.«[145]

Sicherheitsmaßnahme 3 – Massives Felsgrab

Der Leib Christi wurde in ein neues Grab gelegt, das auf einer privaten Begräbnisstätte in massiven Fels gehauen war. Jüdische Gräber hatten gewöhnlich einen 1,30 bis 1,50 m hohen Eingang.[146] Nach der Auferstehung gerieten die Frauen in Panik, als sie das Grab ganz anders vorfanden, als sie erwartet hatten. Sie liefen zurück und erzählten es den Männern. Petrus und Johannes kamen eilends zum Grab, und die Bibel sagt: Johannes, »sich vornüberbückend, sieht … hinein«. Johannes beugte sich vor, weil der Eingang nur 1,30 bis 1,50 m hoch war. Er war kein Zwerg und hatte kein Interesse daran, sich seinen Kopf anzustoßen.

Die meisten Gräber dieser Zeit hatten einen Vorraum, der in die Grabkammer führte. Eine rechteckige Grube in der Mitte der Grabkammer ermöglichte es, aufrecht zu stehen. Entlang der Wände gab es eine Anzahl von Podesten oder Bänken, auf die man den Leichnam legte. Oft diente ein erhöhter Teil als Kopfkissen.[147]

Vor den Grüften der Frühzeit war eine Furche oder Rinne in den Fels gehauen worden, die den Stein hielt, der sie verschloss. Die Rinne war so angelegt, dass ihre tiefste Stelle unmittelbar vor dem Eingang lag. Wenn der Block, der den Stein arretierte, entfernt wurde, rollte der Stein hinunter und legte sich von selbst vor die Öffnung des Grabes.

Sicherheitsmaßnahme 4 – Jüdisches Begräbnis

Eine vierte »Sicherheitsmaßnahme« war die Bestattungsart. Das Neue Testament sagt sehr deutlich, dass das Begräbnis Christi den Bräuchen der Juden folgte.

Niemals über Nacht

Er wurde vom Kreuz genommen und mit einem Tuch bedeckt. Die Juden waren sehr streng darauf bedacht, dass der Körper nicht die ganze Nacht hindurch am Kreuz hängen blieb: »Wenn man ihn über Nacht hängen lässt, wird damit ein Verbot übertreten. Denn es steht geschrieben: ›Sein Körper soll nicht die ganze Nacht am Baum bleiben, sondern ihr sollt ihn noch am selben Tag begraben.‹«[148]

Der Leib Christi wurde sofort zur Begräbnisstätte gebracht, in ein Privatgrab in der Nähe von Golgatha, wo er gekreuzigt worden war.

Vorbereitung des Körpers

Zur Vorbereitung für das Begräbnis legten die Juden den Körper auf einen Steintisch in der Grabkammer. Zuerst wurde er mit warmem Wasser gewaschen. Der *Babylonische Talmud*, eine Sammlung jüdischer Kommentare, berichtet, das Waschen des Körpers sei für ein ordentliches Begräbnis so wichtig gewesen, dass es den Juden sogar am Sabbat erlaubt war.[149]

A. P. Bender schreibt in einem Aufsatz in der »Jewish Quarterly Review« mit dem Titel »Glauben, Riten und Bräuche der Juden in Zusammenhang mit Tod, Begräbnis und Trauer«, dass gemäß den alten Bräuchen der Juden »das Wasser, das zur Reinigung des Toten gebraucht wird, angewärmt sein muss. Die Zeremonie der Körperwaschung darf nicht von einer Person allein durchgeführt werden, nicht einmal im Falle eines Kindes. Der Tote darf ebenfalls nicht von weniger als zwei Personen von einer Lage in eine andere gebracht werden. Der Leichnam wird auf einen Tisch gelegt, die Füße zur Tür gerichtet, und mit einem reinen Tuch bedeckt. Der Körper wird nun von Kopf bis Fuß mit lauwarmem Wasser gewaschen. Während dieser Prozedur ist der Mund bedeckt, sodass kein Wasser hineintropfen kann.

Zuerst liegt der Tote mit nach oben gerichtetem Gesicht; als Nächstes wird er auf die rechte Seite gedreht, während die linke Seite und ein Teil des Rückens gewaschen werden. Dann dreht man ihn auf die linke Seite, damit die rechte Seite und der übrige Teil des Rückens derselben Behandlung unterzogen werden kann, wonach man den Leib auf den Rücken legt. In manchen Fällen schneidet man die Nägel, aber im Allgemeinen werden sie einfach mit einem besonderen Stäbchen gereinigt, während man das Haar oft so frisiert, wie es im Leben getragen wurde. Während dieser Zeremonie rezitieren diejenigen, die sie durchführen, einige Verse, die mit den Worten enden: ›Und ich werde reines Wasser auf euch sprengen, und ihr werdet rein sein‹ (Hes 36,25).

Der Tisch, auf dem der Körper lag, wird gereinigt, und

alles Wasser, das verschüttet wurde, wird aufgewischt, sodass niemand darübergehen kann. Das Umstoßen des Tisches ist gefahrvoll; es könnte innerhalb von drei Tagen den Tod herbeiführen.«[150]

Gebrauch aromatischer Spezereien

Wie das Neue Testament berichtet, war es Sitte, den Leib nach der Reinigung mit verschiedenen Arten von aromatischen Spezereien zu behandeln.

Beim Begräbnis Christi wurden 100 Pfund Spezereien verwendet. Man könnte das als beträchtlich ansehen, aber es war keine große Menge für einen Führer. Gamaliel, der Enkel des berühmten jüdischen Gelehrten Hillel, war beispielsweise ein Zeitgenosse Jesu. Saulus von Tarsus studierte bei ihm. Als Gamaliel starb, gebrauchte man 86 Pfund Spezereien. Josephus, der jüdische Historiker, berichtet, dass beim Tod des Herodes 500 Diener notwendig waren, um die Spezereien zu tragen.[151] 100 Pfund waren also nicht ungewöhnlich.

Das Leinentuch

Nachdem alle Gliedmaßen gerade gerichtet worden waren, wurde der Leichnam in Grabgewänder aus weißem Leinen gekleidet. Der Stoff durfte nicht die geringste Verzierung oder irgendwelche Flecken tragen.[152] Das Grabtuch wurde von Frauen zusammengenäht. Knoten waren nicht erlaubt. Für die einen sollte es symbolisieren, dass der Geist des Toten »befreit war von den Sorgen des Lebens«[153]. Für andere war es Ausdruck der Tatsache, dass die Seele in der Ewigkeit weiterexistierte. Niemand durfte in weniger als drei einzelnen Gewändern bestattet werden.

Ich persönlich bin sehr skeptisch bezüglich des Grabtuches von Turin. Das Tuch wird von vielen für das echte Grabtuch Christi gehalten. Meine großen Vorbehalte sind im Einzelnen in meinem Buch *Das kann ich nicht glauben. Antworten auf skeptische Fragen* aufgeführt. (A. d. H.: erschienen in: Bielefeld: CLV, 1999, 2. Aufl. 1999. Obwohl es derzeit vergriffen ist, steht ein Download zur Verfügung unter: http://www.clv.de.)

An dieser Stelle wurden die aromatischen Spezereien mit einer klebrigen Substanz, der Myrrhe, vermischt. Die Spezereien bestanden aus Splittern eines duftenden Holzes, das zu einem Puder mit der Bezeichnung *Aloe* zerstampft wurde.

An den Füßen beginnend, umwickelte man den Körper mit dem Leinentuch. Zwischen die Falten legte man die mit der klebrigen Myrrhe vermischten Spezereien. Man wickelte bis zu den Achselhöhlen, legte die Arme an und wickelte dann bis zum Hals. Ein separates Stück Leinen wurde um den Kopf gewickelt. Ich schätze, dass eine Umhüllung zwischen 106 und 109 Pfund wog.

Johannes Chrysostomus sagte dazu im 4. Jahrhundert n. Chr.: »Die benutzte Myrrhe war ein Mittel, das so fest am Körper haftete, dass die Grabtücher nur sehr schwer entfernt werden konnten.«[154]

Sicherheitsmaßnahme 5 – Sehr großer Stein

Matthäus berichtet in seinen Schriften, dass ein großer Stein vor das Grab gewälzt wurde.[155] Markus sagt, der Stein sei sehr groß gewesen.[156] In heutiger Sprache hätte er gesagt: »Leute, seht euch diesen Brocken an!«

Wie groß war denn nun dieser Stein?

20 Männer konnten ihn nicht bewegen

Im Abschnitt Markus 16,4 des »Codex Bezae« in der Bibliothek von Cambridge (England) befindet sich eine eingeschaltete Angabe, die hinzufügt: »... denn als er dorthin gelegt worden war, hatte Joseph einen Stein vor das Grab gelegt, den *20 Männer nicht wegrollen konnten*«[157].

Die Bedeutung dieser Bemerkung wird verständlich, wenn man die Regeln für die Abschrift von Manuskripten in Betracht zieht. Es war üblich, dass ein Kopist, wenn er seine eigene Interpretation hervorhob, seine Gedanken an den Rand schrieb und nicht in den Text einschloss. Man könnte daher schließen, dass die Einfügung in den Text von einem anderen Text kopiert wurde, der der Zeit Christi noch näher lag, vielleicht aus einem Manuskript des 1. Jahrhunderts. Diese Aussage könnte dann von einem Augenzeugen überliefert worden sein, der von der enormen Größe des Steins beeindruckt war, den man vor das Grab Jesu rollte.

1½ bis 2 Tonnen Gewicht

Nach meiner Vorlesung am Georgia Institute of Technology, der führenden technischen Hochschule in Georgia, machten zwei Professoren für Ingenieurwesen zusammen mit anderen Dozenten eine Reise nach Israel. Sie erinnerten sich an die Bemerkungen, die ich zu der Größe des Steins gemacht hatte. Die Ingenieure berechneten das Volumen des Steins, das notwendig war, um einen Eingang von 1,30 bis 1,50 m Höhe zu verschließen.

Später schrieben sie mir einen Brief, der all die technischen Ausdrücke enthielt, aber auf der Rückseite fassten sie ihre Schlussfolgerungen in einfacher Sprache zusammen.

Sie sagten, ein Stein dieser Größe müsse ein Mindestgewicht von 1500 bis 2000 kg gehabt haben. Kein Wunder, dass Matthäus und Markus berichten, der Stein sei groß bzw. sehr groß gewesen.

Man könnte fragen: »Wenn der Stein so groß war, wie konnte Joseph ihn dann überhaupt an seinen Platz bringen?« Er gab ihm einfach einen Stoß und überließ den Rest der Schwerkraft. Der Stein war von einem Keil gehalten worden, da er in einer Rinne oder Furche lag, die sich zur Front des Grabes hin senkte. Als der Keil bzw. Block entfernt wurde, rollte der schwere runde Stein einfach an seinen Platz.

Sicherheitsmaßnahme 6 – Römische Wache

Die jüdischen Würdenträger waren beunruhigt, weil sich Tausende Christus zuwandten. Um politische Probleme zu vermeiden, war es sowohl für die Römer als auch für die Juden von Vorteil, sicherzustellen, dass Jesus beseitigt wurde.

So kamen die Hohenpriester und Pharisäer zusammen zu Pilatus und sagten: »Herr, wir haben uns erinnert, dass jener Verführer sagte, als er noch lebte: ›Nach drei Tagen stehe ich wieder auf.‹ So befiehl nun, dass das Grab gesichert werde bis zum dritten Tag, damit nicht etwa seine Jünger kommen, ihn stehlen und dem Volk sagen: ›Er ist von den Toten auferstanden.‹«[158]

Pilatus sagte zu ihnen: »Ihr habt eine Wache; geht hin, sichert es [d.h. das Grab], so gut ihr könnt!«[159] Und so »gingen [sie] hin, und nachdem sie den Stein versiegelt hatten, sicherten sie das Grab mit der Wache«[160]. Manche Leute sind der Meinung, Pilatus habe gesagt: »Seht, ihr habt doch eure eigene Tempelpolizei. Nehmt eure Tempelpolizei und verwahrt es selbst.«[161]

Die Tempelpolizei

Nun, wenn jemand sagen wollte, es sei die Tempelwache gewesen, müsste er zunächst feststellen, woraus diese Wache bestand. Sie bestand aus zehn Leviten, die an verschiedenen Stellen des Tempels ihren Dienst versahen. Die Gesamtzahl der diensthabenden Männer betrug 270. Das bedeutete 27 Einheiten zu zehn Mann. Die militärische Disziplin der Tempelwache war sehr gut. Wurde ein Mitglied der Wache vom Hauptmann nachts schlafend angetroffen, wurde es geschlagen und mit seinen Kleidern verbrannt. Einem Mitglied der Wache war es auch verboten, sich während der Dienstzeit zu setzen oder anzulehnen.

Eine römische Wache

Ich bin jedoch sicher, dass die römische Garde am Grab Christi aufgestellt wurde, um es zu sichern.

A. T. Robertson, ein anerkannter Fachmann für Griechisch, sagte, dass dieser Satz im Imperativ Präsens steht und sich nur auf eine römische Wache beziehen kann, nicht auf die Tempelpolizei. Nach seiner Meinung sagte Pilatus wörtlich: »Ihr sollt die Hüter haben.« Robertson fügte hinzu, dass der lateinische Ausdruck *custodia* schon in dem *Oxyrhynchos-Papyrus* als Bezeichnung der römischen Garde vorkommt. Die Juden wussten, dass Pilatus den Frieden halten wollte; deshalb waren sie sicher, dass er ihnen geben würde, was sie verlangten. Was war die römische Garde?

Ein römischer Wachsoldat tat mehr, als ein Gebäude zu bewachen. Das Wort *custodia* bezeichnete die Wach-Einheit der römischen Legion. Diese Einheit war das Ergebnis einer der größten Angriffs- und Verteidigungsideen, die jemals ersonnen wurden.

Eine nützliche Quelle für das Verständnis der römischen Garde ist Flavius Vegetius Renatus. Seine Freunde nannten ihn Vegetius. Er lebte als Militärhistoriker mehrere Jahrhunderte nach der Zeit Christi, als die römische

Armee begann, ihre strenge Disziplin zu vernachlässigen. Er schrieb ein Handbuch, das vermutlich dem römischen Kaiser Valentinian III. gewidmet war. Es sollte ihn ermutigen, die Methoden der offensiven und defensiven Kriegsführung wieder einzuführen, die die Römer zur Zeit Christi angewandt hatten. Das Buch trägt den Titel »Abriss des Militärwesens« und ist heute ein Klassiker.

Vegetius wollte, dass die römischen Armeen die Wirksamkeit und Macht wiedererlangten, die sie zur Zeit Christi ausgezeichnet hatten. Diese Armeen waren großartig gewesen, weil sie hoch diszipliniert waren. Er schrieb: »Ein Sieg im Krieg hängt nicht ausschließlich von der Summe der Tapferkeit ab; nur Geschicklichkeit und Disziplin werden ihn sichern. Wir stellen fest, dass die Römer die Eroberung der Welt keinem anderen Grund verdankten als nur dem fortgesetzten militärischen Training, der genauen Einhaltung der Disziplin in ihren Feldlagern und der unablässigen Pflege der anderen Kriegskünste.«

Es gibt zwei weitere ausgezeichnete Quellen. An der Universität von Indiana schrieb Dr. George Currie seine Doktorarbeit über den römischen Wachsoldaten, und Dr. Smith gab ein Wörterbuch heraus mit dem Titel *Dictionary of Greek und Roman Antiquities*[162].

Die Stärke der römischen Wache

Diese und andere Quellen weisen darauf hin, dass die römische Wache keine Ein-, Zwei- oder Dreimanntruppe war. Geringschätzige Bilder vom Grab Jesu Christi zeigen ein oder zwei Männer, die mit hölzernen Speeren und

Miniröcken herumstehen. Das ist wirklich lächerlich. Eine römische Wach-Einheit war eine Sicherheitstruppe von 4 bis 16 Mann. Jeder Mann war ausgebildet, um 4 m^2 Boden zu bewachen. Die 16 Männer, in Viererreihen im Quadrat aufgestellt, sollten in der Lage sein, 64 m^2 gegen ein ganzes Bataillon zu verteidigen und zu halten.

Normalerweise taten sie Folgendes: Vier Männer waren unmittelbar vor dem zu schützenden Objekt platziert. Die anderen zwölf schliefen in einem Halbkreis vor ihnen, mit den Köpfen nach innen gerichtet. Um zu stehlen, was diese Wachen beschützten, hätten Diebe zuerst über die Schlafenden hinwegsteigen müssen. Alle vier Stunden wurde eine neue Vierer-Einheit geweckt, und diejenigen, die gewacht hatten, legten sich schlafen. Auf diese Weise lösten sie einander rund um die Uhr ab.

Der Historiker Dr. Paul Maier schrieb: »Petrus wurde von vier Abteilungen zu je vier Mann bewacht, als er von Herodes Agrippa ins Gefängnis geworfen wurde (Apg 12). 16 ist also die *außerhalb* eines Gefängnisses zu erwartende Mindestzahl. Die Wachen schliefen in alter Zeit immer in Schichten. So war es für Eindringlinge tatsächlich unmöglich, über all die Schlafenden hinwegzusteigen«, ohne sie zu wecken.[163]

Die Hohenpriester bieten Bestechung an

Auch Matthäus berichtet, dass es sich um eine vielköpfige Truppe handelte, wenn er schreibt: »… da kamen einige von der Wache in die Stadt und verkündeten den Hohenpriestern alles, was geschehen war.«[164]

Ein Kritiker könnte an dieser Stelle einwenden und sagen: »Sie kamen zu den Hohenpriestern. Das zeigt doch, dass es sich um die Tempelwache handelte.« Aus dem Zusammenhang wird jedoch klar, dass sie zu den Hohenpriestern kamen, weil der amtierende Hohepriester Einfluss bei den römischen Behörden hatte und es die Möglichkeit für sie war, ihren Kopf zu retten. Der Hohepriester versuchte, sie zu bestechen, was ein Hohn gewesen wäre, hätte es sich um die Tempelwache gehandelt. Er gab ihnen Geld und sagte ihnen, was sie den Leuten erzählen sollten. Er sagte, wenn die Nachricht Pilatus erreichen sollte, würde er, der Hohepriester, verhindern, dass sie getötet würden. Normalerweise hatten sie die Todesstrafe zu erwarten, da die Geschichte lautete, sie seien eingeschlafen, während sie das Grab bewachten.

Es ist bedeutsam, dass der Statthalter beruhigt werden musste, denn ich habe in der Geschichte keinen Bericht finden können, der darauf hingewiesen hätte, dass der römische Statthalter irgendetwas mit der Tempelpolizei zu tun hatte.

Selbst wenn die Wache am Grab aus der Tempelpolizei bestanden hätte, wäre die Sicherheit nicht weniger vollkommen gewesen.

Eine Kampfmaschine

T. G. Tucker beschrieb in seinem Buch *Life in the Roman World of Nero and St. Paul* einen dieser Wachsoldaten: »Über seiner Brust und mit Klappen auf den Schultern trägt er einen ledernen Brustharnisch, der mit ringförmigen Lagen oder vielleicht auch Schuppen aus Eisen oder Bronze bedeckt ist. Auf seinem Kopf trägt er einen glatten, topfähnlichen Helm oder eine Schädelkappe aus Eisen. In seiner rechten Hand hält er den berühmten römischen Spieß. Das ist eine kräftige Waffe, über 1,80 m lang. Sie besteht aus einer scharfen Eisenspitze, die an einem hölzernen Schaft befestigt ist, und der Soldat kann sie entweder wie ein Bajonett benutzen oder wie einen Speer werfen und dann den Nahkampf mit seinem Schwert führen.

Sein linker Arm trägt einen Schild, der verschiedene Formen haben kann. Der Schild wird nicht nur an einem Griff getragen, sondern kann noch durch einen Gurt über der rechten Schulter gehalten werden. Das Schwert – eher eine Stoß- als eine Schlagwaffe – hängt an der rechten Seite an einem Gurt, der über die linke Schulter läuft. An der linken Seite trägt der Soldat einen Dolch im Gürtel.«[165]

Polybios, der griechische Historiker des 2. Jahrhunderts v. Chr., berichtete, dass zusätzlich dazu »die Männer mit einem Kopfputz aus Federn geschmückt sind, entweder purpurn oder schwarz, ungefähr 45 cm lang. Wenn sie diesen auf den Kopf setzen und die anderen Waffen anlegen, dann erscheint ein Mann doppelt so groß, wie er wirklich ist, und seine Erscheinung ist für den Feind wirkungsvoll und erschreckend. Die Männer der untersten Besitzklassen tragen auch eine Bronzeplatte, 20 cm im Quadrat, die sie vor ihrer Brust befestigen und als Herzschutz bezeichnen; sie vervollständigt ihre Ausrüstung. Aber diejenigen, die mehr als 10 000 Drachmen wert sind, tragen statt eines Herzschutzes neben ihrer übrigen Ausrüstung ein Panzerhemd.«[166]

Eine strenge Disziplin

Tucker wies darauf hin, dass ein Wachsoldat, wenn er zu seiner Einheit kam, »einen feierlichen Eid ablegen musste, dass er treu allen Befehlen seines Oberkommandierenden, des Kaisers, der durch seine Offiziere repräsentiert wurde, folgen werde. Diesen Eid wiederholte er an jedem 1. Januar und am Jahrestag der Thronbesteigung des Kaisers.«[167]

Sicherheitsmaßnahme 7 – Römisches Siegel

Matthäus berichtet: »Sie aber gingen hin, und nachdem sie den Stein versiegelt hatten, sicherten sie das Grab mit der Wache.«[168] A. T. Robertson sagte, dass dieses Siegel nur in Gegenwart der diensthabenden römischen Wache am Stein befestigt werden konnte. Vegetius weist auf denselben Sachverhalt hin. Der Sinn dieser Prozedur war, zu verhindern, dass irgendjemand den Grabinhalt antasten konnte.

Nachdem die Wache das Grab inspiziert hatte, wurde ein Seil über den Stein gespannt. Dieses wurde an beiden Enden mit Siegelton befestigt. Schließlich wurden die Tonklumpen mit dem offiziellen Zeichen des römischen Statthalters versiegelt.

Eine Parallele dazu findet man im Alten Testament bei dem Propheten Daniel: Ein Stein wurde auf die Öffnung der Grube gewälzt und mit dem Siegel des Königs und seiner höchsten Beamten versiegelt, damit niemand Daniel befreien und die Vollstreckung des Urteils verhindern konnte.[169]

Zweck des Siegels

Henry Sumner Maine, Mitglied des »Supreme Council« in der damaligen britischen Kronkolonie Indien, ehemaliger Professor für Zivilrecht an der Universität Cambridge, sagte zu der rechtlichen Autorität, die mit dem römischen Siegel verbunden war: »Siegel galten im Altertum als eine Art der Beglaubigung.«

Etwas zu beglaubigen, bedeutet einfach, zu bestätigen, dass es echt oder original ist. So war das Siegel an Jesu Grab ein öffentliches Zeugnis dafür, dass der Leib Jesu tatsächlich dort war. Außerdem bestätigte dieses Siegel aufgrund seiner römischen Herkunft die Tatsache, dass sein Leib durch nichts Geringeres als die Macht und Autorität des Römischen Reiches vor Vandalen geschützt war.

Jeder, der versucht hätte, den Stein vom Grabeingang fortzubewegen, hätte das Siegel gebrochen und so den Zorn des römischen Gesetzes und der römischen Macht auf sich gezogen.

Warnung für Grabräuber

In Nazareth wurde eine Marmortafel mit einer sehr interessanten Inschrift entdeckt – einer Warnung für Grabräuber. Sie war in Griechisch verfasst und lautete: »Verordnung des Cäsaren. Es ist mein Wille, dass die Gräber und Grüfte auf ewig ungestört bleiben für diejenigen, die sie zur Huldigung ihrer Vorfahren oder Familienmitglieder errichtet haben. Wenn jedoch jemand beschuldigt wird, sie zerstört oder die Bestatteten entfernt zu haben, befehle ich, gegen ihn einen Prozess zu führen, aus Respekt vor den Göttern und der Verehrung der Gestorbenen. Denn es soll vielmehr die Pflicht sein, die Bestatteten zu ehren. Im Falle einer Übertretung wünsche ich, dass der Verbrecher unter der Anklage der Grabschändung zum Tode verurteilt wird.«[170]

Maier stellte fest: »Alle vorigen römischen Edikte, die Grabschändungen betreffen, setzen nur eine hohe Geldstrafe fest. Man fragt sich, welche anzunehmende schwere Übertretung die römische Obrigkeit dazu veranlasst haben könnte, die Strafe gerade in Palästina zu verschärfen und eine entsprechende Bekanntmachung ausgerechnet in Nazareth und seiner Umgebung auszugeben.«[171] Es könnte sehr gut eine Reaktion auf den Aufruhr sein, den die Auferstehung Christi verursacht hatte.

Zusammenfassung

Zahlreiche religiöse Ängste und politische Motive boten sowohl den Juden als auch dem römischen Statthalter, Pontius Pilatus, hinreichende Gründe, Jesus Christus zu töten. Um sicherzustellen, dass er tot und begraben blieb, wurden sechs wichtige Sicherheitsmaßnahmen getroffen:

1. Christus wurde durch Kreuzigung hingerichtet, eine der wirkungsvollsten, grausamsten und scheußlichsten Hinrichtungsmethoden, die jemals erdacht wurden.
2. Der Leib Christi wurde in einem soliden Felsgrab bestattet.
3. Der Leib Christi wurde entsprechend den jüdischen Begräbnisbräuchen in mehr als 100 Pfund Spezereien eingewickelt.

4. Der Stein, der vor den Grabeingang gerollt wurde, wog ungefähr zwei Tonnen.
5. Eine römische Sicherheitswache, eine der wirkungsvollsten Kampfeinheiten, wurde aufgestellt, um das Grab zu bewachen.
6. Das Grab wurde mit der offiziellen Autorität und dem Zeichen Roms versiegelt.

Tatsachen, mit denen man rechnen muss

Vor fast 2000 Jahren geschah etwas, das den Lauf der Geschichte veränderte. Dieses »Etwas« war so dramatisch, dass es das Leben von elf Männern völlig umkrempelte. Das »Etwas« war ein leeres Grab! Ein leeres Grab – das konnte durch einen 15-minütigen Spaziergang, den man vom Zentrum Jerusalems aus unternahm, bestätigt oder widerlegt werden.

Selbst nach 2000 Jahren Geschichte hat die Menschheit das leere Grab und das Erscheinen Jesu Christi nach der Auferstehung nicht vergessen.

Wenn Sie die Geschehnisse um Christus und seine Auferstehung nicht anerkennen wollen, müssen Sie mit einigen Unwägbarkeiten fertigwerden. Sie könnten sagen, dass die Juden und die Römer sich selbst überlisteten, als sie so viele Sicherheitsmaßnahmen trafen, um zu gewährleisten, dass Jesus tot war und in seinem Grab blieb. Diese »Sicherheitsmaßnahmen« – in Form von Prozessen, Kreuzigung, Begräbnis, Versiegelung und Bewachung des Grabes Christi – machen es den Kritikern der Auferstehung Jesu sehr schwer, ihre Behauptung zu verteidigen. Bedenken Sie folgende Tatsachen:

Tatsache 1 – Gebrochenes römisches Siegel

Die erste augenfällige Tatsache ist, dass das Siegel, das für die Macht und Autorität des Römischen Reiches stand, aufgebrochen war. Die Konsequenzen, die das Brechen eines Siegels nach sich zog, waren schwerwiegend. Das »FBI« und der »CIA« des Römischen Reiches wurden eingeschaltet, um den oder die Verantwortlichen zu finden. Wenn man sie fasste, wurden sie gnadenlos durch Kreuzigung mit dem Kopf nach unten hingerichtet. Die Eingeweide hingen in der Kehle. Deshalb fürchteten sich die Menschen davor, das Siegel zu brechen. Diese Furcht war aus den genannten Gründen weitverbreitet.

Tatsache 2 – Das leere Grab

Eine weitere auffällige Tatsache nach der Auferstehung ist das leere Grab. Die Jünger Christi gingen nicht fort nach Athen oder Rom, um zu predigen, dass Christus von den Toten auferstanden war; sie gingen unmittelbar danach in die Stadt Jerusalem, wo ihre Angaben, wenn sie unwahr gewesen wären, sofort hätten widerlegt werden können. Die Botschaft von der Auferstehung hätte in Jerusalem nicht einen Augenblick lang aufrechterhalten werden können, wäre das Grab nicht wirklich leer gewesen.

Dr. Paul Maier führte aus: »Wo begann das Christentum? Die Antwort darauf muss lauten: ›Nur an einem Ort der Erde – in Jerusalem‹. Was in Jerusalem sieben Wochen nach dem ersten Ostern geschah, konnte nur stattfinden, wenn der Leib Jesu irgendwie aus dem Grab Josephs verschwunden war. Andernfalls hätten die Tempelbehörden in ihrer Auseinandersetzung mit den Aposteln die Bewegung einfach zum Erliegen gebracht, indem sie einen kurzen Ausflug zum Grab des Joseph von Arimathia gemacht und das Beweisstück enthüllt hätten. Sie gingen nicht hin, da sie wussten, dass das Grab leer war. Ihre offizielle Erklärung, dass die Jünger den Leib gestohlen hatten, war ein Eingeständnis, dass das Grab tatsächlich leer war.«[172]

Historische Bestätigung

Es gibt sowohl jüdische als auch römische Quellen, die das leere Grab bestätigen. Diese Quellen reichen von dem jüdischen Historiker Josephus bis zu einer Sammlung von mittelalterlichen jüdischen Schriften mit dem Namen *Toledot Jeschu*. Maier bezeichnete dies als ein »eindeutiges Zeugnis einer feindseligen Quelle, was die stärkste Art von historischen Zeugnissen darstellt. Wenn gegnerische Quellen eine Tatsache eingestehen, die entschieden nicht in ihrem Sinne ist, bedeutet das im Kern, dass diese Tatsache echt ist.«[173]

Das erste Eingeständnis der Tempelbehörden in Bezug auf das leere Grab bestand in der Behauptung, dass die Jünger den Leib gestohlen hätten.[174]

Gamaliel, der ein Mitglied des Synedriums war, sagte, es sei möglich, dass das Christentum aus Gott sei.[175] Er hätte das nicht sagen können, wenn das Grab nicht leer gewesen wäre oder wenn er gewusst hätte, wo sich der Leib Christi befand.

Selbst Justin der Märtyrer erzählt in seinem »Dialog mit dem Juden Trypho«, dass die Behörden von Jerusalem besondere Beauftragte durch das ganze Mittelmeergebiet sandten, um der Geschichte vom leeren Grab mit der Erklärung zu begegnen, dass seine Anhänger den Leib gestohlen hätten. Warum sollten die jüdischen Behörden die römische Wache bestechen und die Erklärung vom gestohlenen Leib propagieren, *wenn das Grab nicht leer war?*

Der Historiker Ronald Sider kam zu dem Schluss: »Wenn die Christen und ihre jüdischen Gegner übereinstimmten, dass das Grab leer war, haben wir kaum eine andere Wahl, als das leere Grab als historische Tatsache zu akzeptieren.«[176]

Tom Anderson, ehemaliger Präsident der Vereinigung der Prozessanwälte von Kalifornien und Mitautor des Verteidigungshandbuchs der Vereinigung der Prozessanwälte von Amerika, sagte: »Lassen Sie uns annehmen, Christus sei nicht von den Toten auferstanden. Lassen Sie uns weiter annehmen, dass die schriftlichen Berichte über seine Erscheinungen vor Hunderten von Menschen falsch sind. Ich will dann dazu eine Frage stellen: Halten Sie es da nicht für vernünftig, anzunehmen, dass wenigstens ein Historiker, ein Augenzeuge oder ein Gegner bei einem so gut publizierten Ereignis aufschreiben würde, dass er den Leib Christi gesehen habe? ›Hört zu, ich habe das Grab gesehen – es war nicht leer! Seht, ich war dort! Jesus ist nicht von den Toten auferstanden! Ich habe tatsächlich den toten Leib Jesu gesehen.‹ Das Schweigen der Geschichte ist betäubend, wenn es um ein Beweismittel gegen die Auferstehung geht.«[177]

Starke Beweise

Paul Maier stellte fest: »Wenn man alle Zeugnisse sorgfältig und fair abwägt, ist es nach den Gesetzen der historischen Forschung tatsächlich gerechtfertigt, zu schließen, dass das Grab des Joseph von Arimathia, das Grab, in dem Jesus bestattet war, am Morgen des ersten Ostertages wirklich leer war. Nicht die Spur eines Beweises ist bisher in den literarischen Quellen, Inschriften oder in der Archäologie gefunden worden, die diese Feststellung widerlegen würde.«[178]

Das leere Grab ist ein stilles Zeugnis für die Auferstehung Jesu Christi, das bis zum heutigen Tag nicht widerlegt worden ist.

Tatsache 3 – Großer Stein bewegt

An jenem Morgen war das Erste, was die frühen Besucher des Grabes beeindruckte, die ungewöhnliche Lage des 1½ bis 2 Tonnen schweren Steins, der ursprünglich den Eingang verschlossen hatte. Die Verfasser aller Evangelien berichten, dass der Stein weggerollt worden war.

Einen Hang hinaufgerollt

Z.B. wird in Matthäus 27 gesagt, dass man »einen großen Stein an den Eingang der Gruft« *wälzte*. Das hier benutzte griechische Wort ist *kylio*, was *rollen, herabwälzen* bedeutet. Markus gebrauchte dieselbe Wortwurzel *kylio*. Doch in Markus 16 fügt der Evangelist eine Präposition hinzu, um die Lage des Steins nach der Auferstehung zu erklären.

Im Griechischen wie im Deutschen fügt man einem Verb, um die Richtung zu ändern oder zu intensivieren, eine Präposition hinzu. Hier fügte Markus die Präposition *ana* hinzu, was *auf* oder *hinauf* bedeutet. So kann *anakylio* bedeuten, *etwas einen Hang oder eine Neigung hinaufzurollen*. Wenn Markus diesen Ausdruck benutzte, muss es einen Hang oder eine Neigung gegeben haben, die zu der Front des Grabes hinunterführte.

Vom Grab weggewälzt

Tatsächlich befand sich der Stein so weit auf einem Hang, dass Lukas dieselbe Wortwurzel *kylio* gebrauchte, aber eine andere Präposition (*apo*) hinzufügte. *Apo* kann nach den griechischen Wörterbüchern bedeuten »von etwas weg« im Sinne der Wendung »von etwas entfernt«. *Apokylio* heißt dann, »ein Objekt von einem anderen wegwälzen«, im Sinne von »trennen« oder »entfernen«.

Nun, die Frauen sahen, dass der Stein entfernt worden war. Entfernt wovon? Lassen Sie uns zu Markus Kapitel 16 zurückkehren. Am Morgen des dritten Tages kamen die Frauen zum Grab.

Vielleicht sagen Sie: »Warten Sie einen Augenblick! Warum kamen diese Frauen eigentlich zum Grab?« Ein Grund war, den in die Grabtücher eingewickelten Leib mit einer Mischung aus Spezereien und wohlriechenden Ölen zu salben.

Ein anderer könnte fragen: »Warum sollten sie dorthin kommen, wenn doch eine römische Wach-Einheit da war, um das Grab zu bewachen?« Das ist ganz einfach:

Die Frauen wussten bis zu diesem Zeitpunkt nicht, dass die Wache das Grab sicherte. Am Freitag hatten sie beobachtet, wie der Leib auf einer privaten Begräbnisstätte vorbereitet wurde. Sie lebten in Bethanien und wussten daher nicht, dass Römer und Juden die Grabstätte Christi extra abgesichert hatten.

Lassen Sie uns noch einmal zu Markus 16 zurückkehren. Die Frauen sagten: »Wer wird uns den Stein von dem Eingang der Gruft wegwälzen?« Hier benutzten sie das griechische Wort für »Eingang«. Das ist logisch, nicht wahr? Als sie aber dort ankamen, sahen sie, dass der Stein von der Gruft weggewälzt war. Hier wird das griechische Wort für »Eingang« durch das Wort ersetzt, das für das ganze massive Grab benutzt wurde. *Apokylio* heißt dann »weggewälzt von« im Sinne von »entfernt von dem ganzen massiven Grab«.

Aufgehoben und weggetragen

Tatsächlich war der Stein in einer solchen Lage – auf einem Hang und ein ganzes Stück weit von dem ganzen massiven Grab entfernt –, dass Johannes (Kapitel 20) ein ganz anderes griechisches Verb benutzen musste (*airo*), das *»etwas aufheben und wegtragen«* bedeutet.

Angenommen, die Jünger wären eingedrungen und um die schlafenden Wachen herumgeschlichen und hätten dann den Stein beiseitegerollt sowie den Leib gestohlen. Angesichts dessen frage ich Sie: Warum sollten sie dann einen 1500 bis 2000 kg schweren Stein einen Hang hinaufbewegen (ein ganzes Stück von dem massiven Grab entfernt) und in eine solche Lage bringen, dass es aussah, als habe jemand ihn aufgehoben und weggetragen? Die Soldaten hätten taub sein müssen, um nicht zu hören, wie der Stein bewegt wurde.

Tatsache 4 – Römische Wache ohne Erlaubnis abwesend

Die Angehörigen der römischen Wache flohen. Sie verließen den Ort, für den sie verantwortlich waren. Das muss wegerklärt werden, da die militärische Disziplin der Römer außergewöhnlich gut war. Justin erwähnt in seiner »Sammlung« alle Verbrechen, die die Todesstrafe nach sich zogen: ein Kundschafter, der beim Feind bleibt; Fahnenflucht; Verlieren oder Verkaufen der Waffen; Ungehorsam in Kriegszeiten; Übersteigen der Mauer oder des Walls; Meuterei; Weigerung, einen Offizier zu schützen, oder Verlassen des Postens; ein gemusterter Mann, der sich versteckt, um dem Dienst zu entgehen; Mord; Handanlegen an einen Vorgesetzten oder Beleidigen eines Generals; als Erster fliehen, wenn das Beispiel andere beeinflussen kann; Verrat von Plänen an den Feind; Verletzen eines Kameraden mit dem Schwert; Selbstverstümmelung oder versuchter Selbstmord ohne vernünftige Erklärung; Verlassen der Nachtwache; Zerbrechen des Zenturio-Stabs oder Schlagen des Zenturio bei der Bestrafung; Flucht aus dem Wachhaus und Stören des Friedens.

Dem oben Gesagten kann man noch hinzufügen: »Einschlafen«. Wenn nicht ersichtlich war, welcher Soldat seine

Pflicht verletzt hatte, wurde das Los darüber gezogen, wer für das Versagen der gesamten Wach-Einheit mit dem Tode bestraft wurde.

Lebendig verbrannt

Eine Art, einen Wachsoldaten hinzurichten, bestand darin, ihm seine Kleider auszuziehen und ihn dann mit einem Feuer, das an seinen Kleidern entzündet wurde, lebendig zu verbrennen. Angesichts einer solchen Drohung, die den Soldaten dauernd im Bewusstsein stand, wäre sicher nicht die ganze Einheit eingeschlafen.

Die Geschichte der römischen Disziplin spricht für die Tatsache, dass die Soldaten ihren Posten niemals verlassen hätten, wäre das Grab nicht leer gewesen. Sie wären auch nicht zum Hohenpriester gegangen. Die Furcht vor dem Zorn ihrer Vorgesetzten und die Möglichkeit der Todesstrafe deuten an, dass sie jedes kleinste Detail ihrer Aufgabe genauestens einhielten.

Dr. George Currie, der die militärische Disziplin der Römer sorgfältig studiert hat, schrieb, dass die Furcht vor Strafe eine »tadellose Aufmerksamkeit im Dienst hervorrief, besonders bei den Nachtwachen«[179].

Furcht vor Strafe

Dr. Bill White war seinerzeit verantwortlich für das Gartengrab in Jerusalem. Seine Aufgaben veranlassten ihn, die Auferstehung und die von ihr hervorgerufenen Ereignisse ausführlich zu studieren. White stellte mehrere kritische

Anfragen zur Bestechung der römischen Wache durch die jüdischen Behörden: »Wenn der Stein einfach nur auf eine Seite des Grabes gerollt worden wäre, damit man das Grab betreten konnte, dann wäre es gerechtfertigt gewesen, die Männer zu beschuldigen. Wenn die Männer protestiert hätten, das Erdbeben habe das Siegel zerbrochen, und der Stein sei durch die entsprechenden Vibrationen zurückgerollt, hätten sie immer noch eine Strafe zu erwarten, da man ihre Flucht als Feigheit auslegen konnte.

Aber diese Möglichkeiten treffen die Situation nicht. Es gab einige unleugbare Beweise, die es den Hohenpriestern unmöglich machten, irgendeine Beschuldigung gegen die Wache vorzubringen. Die jüdischen Behörden müssen den Ort besichtigt, den Stein untersucht und erkannt haben, dass es Menschen gar nicht möglich war, ihn heimlich in diese Lage zu bringen und so weit vom Grab zu entfernen. Keine menschliche Erfindungskraft konnte eine angemessene Antwort ersinnen oder einen Sündenbock präsentieren, und so waren sie gezwungen, die Wache zu bestechen und zu versuchen, die Sache zu vertuschen.«[180]

Tatsache 5 – Grabtücher erzählen eine Geschichte

War das Grab wirklich leer? Der Leib Jesu befand sich natürlich nicht mehr dort, und dennoch blieb darin etwas zurück: Nachdem sie das Grab besucht und gesehen hatten, dass der Stein weggewälzt war, rannten die Frauen zurück und erzählten es den Jüngern. Dann liefen Petrus und Johannes hin. Johannes rannte schneller als Petrus, und als er das Grab erreichte, betrat er es nicht. Stattdessen beugte er sich vor und sah hinein, und er sah etwas so Überraschendes, dass er sofort glaubte.

Er sah hinüber zu der Stelle, wo der Leib Jesu gelegen hatte. Dort waren die Grabtücher, in der Form des Körpers, leicht eingefallen und leer – wie die leere Puppe einer Raupe. Das war ausreichend, um jeden zum Glaubenden zu machen. Das Erste, was sich dem Geist der Jünger einprägte, war nicht das leere Grab. Es waren vielmehr die leeren Grabtücher – unverändert in ihrer Form und Lage.

Tatsache 6 – Sein Erscheinen bestätigt

Nach den umwälzenden Ereignissen jenes ersten Ostertages erschien Christus mehrere Male als Lebender.

Ein Prinzip, das zu beachten ist

Wenn man ein historisches Ereignis untersucht, ist es wichtig, herauszufinden, ob genügend Teilnehmer oder Augenzeugen des Ereignisses noch lebten, als die Tatsachen über das Ereignis veröffentlicht wurden. Das ist nützlich, um die Genauigkeit des veröffentlichten Berichts zu bewerten. Ist die Anzahl der Zeugen groß, kann das Ereignis sehr gut nachgewiesen werden. Wenn wir Zeugen eines Mordes sind und eine Woche später der Polizeibericht sich als Lügengespinst herausstellt, können wir ihn widerlegen.

Mit anderen Worten: Wenn über ein Ereignis ein Buch geschrieben wird, dann kann die Richtigkeit seines Inhalts bewertet werden, falls zur Zeit seiner Veröffentlichung noch genügend Leute leben, die entweder Augenzeugen oder Teilnehmer der beschriebenen Ereignisse waren.

Bei der Untersuchung der Erscheinung Christi vor einzelnen Personen nach seiner Auferstehung, werden einige sehr wichtige Faktoren oft übersehen. Der erste ist die große Anzahl von Zeugen Christi nach jenem Auferstehungsmorgen.

Fünfzig Stunden Augenzeugenberichte

Einer der frühesten Berichte über das Erscheinen Christi nach seiner Auferstehung stammt von Paulus.[181] Der Apostel erinnerte seine Leser an ihre Kenntnis der Tatsache, dass Christus von mehr als 500 Menschen auf einmal gesehen wurde. Paulus erinnerte auch daran, dass die Mehrzahl dieser Menschen noch lebte und befragt werden konnte.

Dr. Edwin M. Yamauchi, außerordentlicher Professor für Geschichte an der Miami University in Oxford (Ohio), betonte: »Was der Liste der Zeugen eine besondere Autorität als historisches Zeugnis gibt, ist der Hinweis, dass die meisten der 500 Brüder noch leben. Paulus sagt praktisch: ›Wenn ihr mir nicht glaubt, könnt ihr sie fragen.‹«[182]

Lassen Sie uns die mehr als 500 Zeugen, die Jesus nach seinem Tod und Begräbnis lebend sahen, in einen Gerichtssaal stellen. Ist Ihnen klar, dass Sie mit diesen 500 Menschen, wenn jeder von ihnen auch nur sechs Minuten (inklusive Kreuzverhör) aussagt, erstaunliche

50 Stunden von Augenzeugenberichten aus erster Hand haben? Fügen Sie dem noch das Zeugnis vieler anderer Augenzeugen hinzu, und Sie könnten den größten und eindeutigsten Prozess der Geschichte haben.

Verschiedenheit der Menschen

Der zweite Faktor, der oft übersehen wird, ist die Unterschiedlichkeit der Orte und der Menschen in Zusammenhang mit den Erscheinungen Jesu.

Professor Merrill C. Tenney vom Wheaton College schrieb: »Es ist bemerkenswert, dass diese Erscheinungen nicht stereotyp sind. Nicht zwei von ihnen sind genau gleich. Die Erscheinung vor Maria Magdalena geschah am frühen Morgen, die vor den Wanderern nach Emmaus am Nachmittag und vor den Aposteln am Abend, wahrscheinlich nach dem Dunkelwerden. Er erschien vor Maria unter freiem Himmel. Maria war allein, als sie ihn sah, die Jünger waren in einer Gruppe zusammen, und Paulus berichtet, dass Jesus einmal vor mehr als 500 Menschen gleichzeitig erschien.[183]

Auch die Reaktionen waren unterschiedlich. Maria war von Gefühlen überwältigt, die Jünger waren erschrocken. Thomas war hartnäckig und ungläubig, als man ihm von der Auferstehung des Herrn erzählte, betete ihn aber an, als er sich ihm selbst zeigte. Jede Begegnung hatte eine eigene Atmosphäre und ihren besonderen Charakter und enthüllte eine andere Eigenschaft des auferstandenen Herrn.«[184]

Keineswegs kann man behaupten, seine Erscheinungen seien stereotyp gewesen.

Feindselige Beobachter

Ein dritter, sehr entscheidender Faktor für die Interpretation der Erscheinungen Christi ist, dass er auch denen erschien, die feindselig oder nicht überzeugt waren.

Immer wieder habe ich gehört oder gelesen, dass Leute sagten, Jesus sei nach seinem Tod und Begräbnis nur von seinen Freunden und Gefolgsleuten lebend gesehen worden. Mit diesem Argument versuchen sie, die überwältigende Wirkung der Augenzeugenberichte abzuschwächen. Aber diese Art der Beweisführung ist so kläglich, dass sie kaum einen Kommentar verdient.

Niemand würde Saulus von Tarsus als einen Anhänger Christi ansehen. Er verachtete Christus und verfolgte die Anhänger Christi.[185] Für Saulus war es eine Erfahrung, die sein Leben erschütterte, als Christus ihm erschien.[186] Obwohl Saulus (später bei seinem griechischen Namen *Paulus* genannt), zu dieser Zeit kein Jünger war, wurde er einer der größten Zeugen für die Wahrheit der Auferstehung.

Betrachten Sie Jakobus, den Halbbruder Jesu. Der Bericht des Evangeliums zeigt, dass die Halbbrüder Jesu zunächst alles andere als Gläubige waren.[187] Doch Jakobus wurde später ein Anhänger seines Halbbruders und schloss sich der Gruppe der verfolgten Christen an. Warum? Was rief eine solche Veränderung seiner Haltung hervor? Die historische Erklärung ist, dass Jesus auch dem Jakobus erschien.[188]

Das Argument, Christus sei nur seinen Anhängern erschienen, ist größtenteils ein Argument *ex silentio* – eine Behauptung, die keine Grundlage besitzt. Und Argumente *ex silentio* sind gefährlich. Es ist ebenso möglich, dass alle, denen er erschien, zu Anhängern wurden. Dies erklärt vielleicht die Bekehrung von vielen der Jerusalemer Priester.[189]

Niemand, der mit den Tatsachen vertraut ist, kann sagen, Jesus sei nur »einigen wenigen Unbedeutenden« erschienen.

Tatsache 7 – Frauen sahen ihn zuerst

Eine weitere beglaubigende Darstellung des Auferstehungsberichts ist die Gegebenheit, dass die ersten Erscheinungen des auferstandenen Christus nicht vor seinen Jüngern, sondern vor Frauen stattfanden – vor Maria Magdalena und den anderen Frauen. Das muss für die Apostel, die zur engsten Umgebung Christi gehörten, ein Ärgernis gewesen sein. Sie waren wahrscheinlich ziemlich eifersüchtig.

Nach den jüdischen Prinzipien der Beweisführung waren jedoch Frauen als Zeugen wertlos. Sie hatten nicht das Recht, vor Gericht Zeugenaussagen zu machen.

Unzuverlässiges Zeugnis

Dr. Maier stellte richtig fest: »Da das Zeugnis einer Frau als unzuverlässig galt, war die Reaktion der Elf verständlicherweise Misstrauen und Unglauben. Wären die Berichte von der Auferstehung erfunden, hätte man *niemals* Frauen in die Geschichte einbezogen, zumindest nicht als erste Zeuginnen.«[190]

Zusammenfassung

Die dramatische Tatsache der Auferstehung veränderte den Lauf der Geschichte. Kritiker, die die Auferstehung Jesu Christi leugnen wollen, müssen sieben historische Fakten ausreichend wegerklären:

1. Die gefürchtete Macht Roms wurde durch das Brechen des römischen Siegels am Grab missachtet.
2. Sowohl Juden als auch Römer gaben zu, dass das Grab leer war.
3. Ein Zwei-Tonnen-Stein wurde irgendwie vom Grab fortbewegt, während eine römische Wach-Einheit auf Posten stand.
4. Eine hoch disziplinierte römische Militärwache floh von ihrem Posten und musste von den Behörden bestochen werden, um eine Lüge als Wahrheit zu verbreiten.
5. Die unveränderten Grabtücher enthielten keinen Leib mehr.
6. Christus erschien anschließend mehr als 500 Zeugen in verschiedenen Situationen.
7. Wegen der niedrigen jüdischen Meinung bezüglich der Zuverlässigkeit von Frauen hätten die Erfinder einer Auferstehungslegende sie niemals als erste Zeuginnen des Geschehens gewählt.

Verschiedene Erklärungsversuche

Zwei Prinzipien, die zu beachten sind

Bei dem Versuch, zu zeigen, dass die Auferstehung Jesu Christi eine Täuschung war, sind viele Theorien vorgebracht worden. Ich glaube, dass viele der Leute, die mit diesen Theorien ankamen, zwei Gehirne gehabt haben müssen – ein verloren gegangenes und das andere auf der Suche danach. Historiker haben den Bezug zur Geschichte aufgegeben, um einige ihrer Ideen zu erfinden.

Alle Fakten beachten

Wenn man die Möglichkeiten hinsichtlich dessen, was am ersten Ostertag geschah, abwägt, muss man sich zweier Prinzipien bewusst sein. Erstens, die Theorien oder alternativen Erklärungsversuche müssen alle Tatsachen in Betracht ziehen, die die Auferstehung Christi umgeben. Hinsichtlich verschiedener alternativer Theorien im Lichte der historischen Zeugnisse betonte J. N. D. Anderson: »Ein Punkt, den man unterstreichen muss, ist, dass die Zeugnisse als Ganzes betrachtet werden müssen. Es ist verhältnismäßig leicht, eine alternative Erklärung für den einen oder anderen der verschiedenen Berichte zu finden, die dieses Zeugnis ausmachen.

Aber solche Erklärungen wären wertlos, wenn sie nicht auch zu den anderen Aussagen des Zeugnisses passten. Eine Anzahl von verschiedenen Theorien, die man ganz gut auf einen Teil der Zeugnisse anwenden kann, ohne dass sie sich in ein sinnvolles Muster einpassen, können keine Alternative zu der einen Interpretation sein, die das Ganze abdeckt.«[191]

Keine vorgefassten Meinungen

Das zweite Schlüsselprinzip, dem die historische Untersuchung geschichtlicher Ereignisse zu folgen hat, verlangt, die Zeugnisse nicht in eine vorgefasste Meinung zu zwingen, sondern sie für sich selbst sprechen zu lassen. Der Historiker Philip Schaff warnte: »Das Ziel des Historikers ist nicht, aus vorgefassten Meinungen Geschichte zu konstruieren und sie dem eigenen Geschmack anzupassen, sondern sie nach den besten Zeugnissen zu rekonstruieren und für sich selbst sprechen zu lassen.«[192] Mit diesen beiden Prinzipien im Bewusstsein lassen Sie uns die verschiedenen Theorien untersuchen, die zur Erklärung der Ereignisse um die Auferstehung Christi vorgebracht wurden.

Es gibt zwei grundsätzliche Alternativen: Was im Zusammenhang mit Christi Tod, Begräbnis und Auferstehung geschah, hat entweder eine natürliche oder eine übernatürliche Erklärung. Nach drei Tagen war das Grab Christi belegt oder leer.

Es gibt fünf Theorien zu den natürlichen Erklärungen. Jede behauptet, das Grab Christi sei nach drei Tagen noch belegt und unberührt gewesen.

Die Theorie vom unbekannten Grab

Eine der frühesten Theorien, die geboten wurden, um alles Geschehen zu leugnen, besagt, das Grab sei unbekannt gewesen.

Auf dem Nationalfriedhof von Arlington bei Washington, D. C. gibt es das Grabmal des unbekannten Soldaten. In diesem Fall haben wir es mit einem unbekannten Grab zu tun.

Wer hat den Leib?

Professor Guignebert stellte folgende, völlig gegenstandslose Behauptung auf: »Die Wahrheit ist, dass wir nicht wissen und aller Wahrscheinlichkeit nach auch die Jünger nicht wussten, wohin der Leib Jesu geworfen wurde, nachdem er von den Henkern vom Kreuz abgenommen worden war. Es ist wahrscheinlicher, dass er in die Grube für die Hingerichteten geworfen wurde, als dass man ihn in ein neues Grab legte.«[193]

Ein möglicher Grund für diese Theorie ist, dass man jahrelang angenommen hat, die Gekreuzigten seien in ein Massengrab geworfen worden.

Die Entdeckung der Überreste von Yohanan Ben Ha'galgal in einem Familiengrab außerhalb von Jerusalem im Juni 1968 traf diese Theorie mitten ins Herz; denn Yohanan war gekreuzigt und dennoch in einem Grab bestattet worden.

Schwächen dieser Theorie

Diese Theorie lässt die einfache historische Erzählung von den Ereignissen um Christi Begräbnis und der Situation nach der Auferstehung völlig außer Acht.

Der Bericht des Evangeliums zeigt, dass Joseph von Arimathia den Leib zu seinem eigenen Privatgrab brachte (wohlgemerkt nicht zu einer öffentlichen Massenbegräbnisstätte). Der Leib Christi wurde gemäß den Begräbnissitten der Juden vorbereitet; die Frauen setzten sich dem Grab gegenüber und sahen zu.

Wenn aus irgendeinem unerfindlichen Grund die Jünger und die Frauen den Ort des Grabes nicht gekannt hätten, in das Christus gelegt wurde, dann kannte ihn Joseph von Arimathia mit Sicherheit. Es war sein eigenes Privatgrab.

Die Erfindung vom »unbekannten Grab« wendet keines der beiden Prinzipien für historische Forschung an, die oben diskutiert wurden. Auch die Römer wussten, wo das Grab war. Sie hatten dort eine Wache postiert.

Die Theorie vom falschen Grab

Diese Erklärung ähnelt der ersten Theorie. Sie behauptet, dass die Frauen, als sie am Sonntagmorgen zurückkehrten, um Christus zu ehren, zum falschen Grab gingen.

Professor Lake, einer der Begründer dieser Theorie, sagt: »Es ist ernstlich zu bezweifeln, ob die Frauen sicher sein konnten, dass das Grab, das sie besuchten, dasjenige war, in dem sie Joseph von Arimathia den Leib des Herrn hatten bestatten sehen. Die Umgebung von Jerusalem ist voll von Felsengräbern, und es ist nicht leicht, ohne besondere Aufmerksamkeit eins vom anderen zu unterscheiden. Es ist sehr zweifelhaft, dass sie dem Grab im Augenblick der Bestattung nahe waren. Es ist wahrscheinlich, dass sie aus der Entfernung zusahen und dass Joseph von Arimathia eher ein Repräsentant der Juden als ein Vertreter der Jünger war. Wenn das so war, hatten sie kaum die Möglichkeit, zwischen dem einen Grab und einem anderen in der Nähe zu unterscheiden. Die Möglichkeit, dass sie zum falschen Grab kamen, muss daher in Betracht gezogen werden, und dies ist wichtig, weil das die natürliche Erklärung der Tatsache ist, dass die Frauen ein geschlossenes Grab verlassen hatten und ein offenes vorfanden.

Wenn es nicht dasselbe war, scheinen alle Umstände sich zu decken. Die Frauen kamen am frühen Morgen zu einem Grab, das sie für dasjenige hielten, in dem man den Herrn bestattet hatte. Sie erwarteten, ein verschlossenes Grab zu finden, aber sie fanden ein offenes. Ein junger Mann, der ihren Irrtum erriet, versuchte, ihnen zu sagen, dass sie sich mit dem Ort geirrt hatten. ›Er ist nicht hier; kommt her und seht die Stätte, wo sie ihn hingelegt haben.‹«[194]

Diese Theorie besteht den Test nicht

Professor Lakes Theorie entspricht nicht den Bedingungen unserer beiden Forschungsprinzipien. Zum einen missachtet sie so gut wie alle Fakten. Außerdem konstruiert diese Theorie die Zeugnisse vollständig nach einer vorgefassten Meinung.

Zum Beispiel lässt er den jungen Mann am Grab zu den Frauen sagen: »Er ist nicht hier; kommt her und seht die Stätte, wo sie ihn hingelegt haben.« Der vollständige Text aber lautet: »Er ist nicht hier, *denn er ist auferstanden*, wie er gesagt hat. Kommt her, seht die Stätte, wo der Herr gelegen hat« (Matthäus-Evangelium). »Entsetzt euch nicht; ihr sucht Jesus, den Nazarener, den Gekreuzigten. *Er ist auferstanden*, er ist nicht hier. Siehe da die Stätte, wo sie ihn hingelegt hatten« (Markus-Evangelium). »Er ist nicht hier, *sondern er ist auferstanden.* Erinnert euch, wie er zu euch geredet hat, als er noch in Galiläa war« (Lukas-Evangelium).[195] Ohne jegliche literarische oder historische Rechtfertigung unterschlagen die Verfechter dieser Theorie den Satz des Engels: »Er ist nicht hier; *er ist auferstanden.*«

Die literarischen Belege für die Einbeziehung dieses Satzes sind so stark wie für jeden Satz des Neuen Testaments. Obwohl die Theorie vom falschen Grab geistreich klingt, hängt sie vom willkürlichen Weglassen des Satzes »*Er ist auferstanden*« ab. Diese Frauen hatten sich genau gemerkt, wo der Leib Jesu weniger als 72 Stunden zuvor bestattet worden war (Mt 27,61; Mk 15,47; Lk 23,55). Dies war kein öffentlicher Friedhof, sondern eine private Begräbnisstätte.

Glauben Sie, dass Sie oder ich bzw. irgendwelche anderen vernünftigen Personen so schnell den Ort vergessen würden, an dem ein geliebter Mensch zur letzten Ruhe gebettet wurde?

Alle Welt ging zum falschen Grab

Um an die Theorie vom »falschen Grab« zu glauben, muss man davon ausgehen, dass nicht nur die Frauen zum falschen Grab gingen, sondern auch Petrus und Johannes zum falschen Grab liefen. Außerdem muss man voraussetzen, dass die Juden später zum falschen Grab gingen, gefolgt von Angehörigen des jüdischen Synedriums und den Römern. Man muss annehmen, dass die Wachen zum falschen Grab zurückkehrten und dass Joseph von Arimathia, der Besitzer des Grabes, auch zum falschen Grab ging. Und schließlich müsste der Engel am falschen Grab erschienen sein. Eine Menge Glaube, und zwar blinder Glaube, wäre nötig, um etwas so Absurdes anzunehmen.

Die Legendentheorie

Einige behaupten, die Auferstehungsberichte seien Legenden, die Jahre nach der Zeit Christi aufkamen.

Die Wirklichkeit beweist, dass das unmöglich ist. Die Auferstehungsberichte wurden von den originalen Augenzeugen verbreitet und niedergeschrieben. Paulus berichtet, dass im Jahre 56 n. Chr. noch fast 500 Augenzeugen lebten.

Wenn es möglich wäre, die Entstehung der Evangelien

200 oder 300 Jahre nach dem Ereignis der Auferstehung zu datieren, könnte die Theorie plausibel sein. Aber angesichts der Tatsachen ist sie völlig unhaltbar. Viele haben versucht zu belegen, dass das Neue Testament erst mehr als 100 Jahre nach Christus geschrieben wurde, und sind daran jämmerlich gescheitert. Paul L. Maier schrieb: »Die Einwände, die Christenheit habe ihren ›Ostermythos‹ über einen längeren Zeitraum ersonnen, oder die Quellen seien erst viele Jahre nach dem Ereignis geschrieben worden, entsprechen einfach nicht den Tatsachen.«[196]

In einer Analyse eines großen Teils der Kritik am Neuen Testament schrieb William Albright: »Nur moderne Wissenschaftler, denen sowohl die historische Methode als auch die richtige Perspektive fehlen, können ein solches Netz von Spekulationen spinnen, mit dem einige Kritiker die Überlieferung des Evangeliums umgeben haben.« Albrights eigener Schluss ist, dass »ein Zeitraum von 20 oder 50 Jahren zu kurz ist, um irgendeine merkliche Verfälschung des wesentlichen Inhalts und sogar des Wortlauts der Reden Jesu zu erlauben«[197].

Dr. J. N. D. Anderson folgerte, dass es »fast sinnlos ist, von Legenden zu sprechen, wenn man es mit den Augenzeugen selbst zu tun hat«[198].

Die Theorie von der geistigen Auferstehung

Eine vierte Theorie mit »belegtem Grab« vermutet, dass der Körper Christi im Grab verweste und dass seine wirkliche Auferstehung geistiger Art war. Eine geistige Auferstehung ohne den physischen Körper wäre aber im Sinne des Judaismus, der in Israel tonangebend war, überhaupt keine Auferstehung. Dr. J.W. Drane stellte fest, es sei im pharisäischen Judaismus »ziemlich sicher, dass die Erwartung einer allgemeinen Auferstehung im Kontext des in Israel verwurzelten Judentums sich eine Wiederherstellung des Körpers vorstellte, der im Wesentlichen identisch war mit dem, der ins Grab gelegt wurde«[199]. Drane weist darauf hin, dass »eine mehr geistige Auferstehung oft in Betracht gezogen wurde, manchmal in Verbindung mit der griechischen Idee«[200].

Jesus selbst zerstörte die Theorie von der »geistigen Auferstehung« völlig. Als seine Jünger, durch seinen Anblick in Schrecken versetzt, dachten, sie sähen einen Geist, ermahnte Jesus sie: »Seht meine Hände und meine Füße, dass ich es selbst bin; betastet mich und seht, denn ein Geist hat nicht Fleisch und Gebein, wie ihr seht, dass ich habe.«[201] Später aß Jesus vor seinen Anhängern ein Stück Fisch und zeigte auch damit, dass er einen Leib aus Fleisch und Knochen hatte.[202] Matthäus berichtet, dass die Frauen, als sie Jesus begegneten, seine Füße umfassten und ihn anbeteten.[203] Man packt nicht die Füße eines Geistes.

Diese Erklärung lässt unsere beiden Forschungsprinzipien völlig außer Acht. Die Tatsachen entsprechen auch nicht ansatzweise dieser Theorie, und sie werden in eine vorgefasste Meinung gezwungen.

Diese Theorie ignoriert auch das Verhalten der römischen Wache und des jüdischen Hohenpriesters, der die Soldaten bestach und sich die Geschichte aus den Fingern sog, die Jünger hätten den Leib Jesu gestohlen. Schließlich missachtet sie auch das leere Grab, die Grabtücher usw.

Die Halluzinationstheorie

Diejenige Theorie in Verbindung mit einem »belegten Grab«, die am weitesten verbreitet ist und die das Geschehen der Auferstehung Christi nicht anerkennt, behauptet, dass die Menschen nur glaubten, Christus gesehen zu haben. In Wirklichkeit hatten sie Halluzinationen. Auf diese Weise können alle Erscheinungen nach der Auferstehung geleugnet werden.

Definition von Halluzinationen

Könnte diese Halluzinationstheorie mit den Tatsachen hinsichtlich der vielen Erscheinungen Christi vor verschiedenen Einzelpersonen in Einklang stehen?

Das Wort *Halluzination* ist eine eingedeutschte Form des lateinischen Ausdrucks *alucination*, womit »eine Wanderung des Geistes, leeres Gerede, Geschwätz«[204] gemeint ist. Zum Fachausdruck in der Psychologie und Medizin wurde das Wort *Halluzination* erst im 19. Jahrhundert.[205] Die Psychologieprofessoren Sarbin und Juhasz wiesen darauf hin, dass der Ausdruck *Halluzination* »vielleicht einzigartig ist unter den psychiatrischen Begriffen, da er im Wesentlichen seit dem späten 19. Jahrhundert bis heute unverändert geblieben ist«[206].

Das offizielle Wörterbuch der Amerikanischen Psychiatrischen Vereinigung definiert eine Halluzination als »eine falsche Sinneswahrnehmung bei Abwesenheit eines tatsächlichen äußeren Reizes«[207]. Das *Psychiatrische Wörterbuch* definiert sie als »eine scheinbare Wahrnehmung eines äußeren Gegenstandes, wenn kein solcher Gegenstand vorhanden ist«[208]. In einem Aufsatz mit dem Titel »Wahrnehmbarkeit von hypnotischen visuellen Halluzinationen« definierte Dr. J. P. Brady von der Abteilung für Psychiatrie der Medizinischen Fakultät an der Universität von Pennsylvania sie als »die Wahrnehmung von Gegenständen oder Lichtmustern, die objektiv nicht vorhanden sind«[209].

Diese verschiedenen Definitionen (einschließlich bestimmter psychologischer und medizinischer Beobachtungen) stimmen alle darin überein, dass eine Halluzination ein scheinbarer Sehvorgang ist, für den es keinen entsprechenden äußeren Gegenstand gibt. Der Sehnerv ist nicht durch äußere Lichtwellen oder Vibrationen des Äthers stimuliert worden, sondern wurde durch eine rein psychologische innere Ursache gereizt.[210] Sarbin und Juhasz, zwei anerkannte Fachleute auf dem Gebiet der Psychologie, stimmten darin überein, dass »aus der Sicht der urteilenden Person der Halluzinierende sich etwas einbildet, aber behauptet, es wahrzunehmen; er reagiert auf Reize, die nicht vorhanden sind«[211].

Nur bestimmte Menschen

Warum ist die Halluzinationstheorie so schwach? Erstens, sie steht in Widerspruch zu verschiedenen Bedingungen, die nach übereinstimmender Meinung der meisten Psychiater und Psychologen vorhanden sein müssen, um eine Halluzination zu haben. Wenn die Erscheinungen Christi diesen wesentlichen Bedingungen nicht entsprechen, ist es falsch, sie als Halluzinationen zu bezeichnen.

Das wichtigste Prinzip ist, dass im Allgemeinen nur bestimmte Arten von Menschen Halluzinationen haben – gewöhnlich nur paranoide oder schizophrene Personen, wobei Schizophrene die empfänglichsten sind.

Im Neuen Testament haben wir jedoch ganz verschiedene Arten von Menschen mit unterschiedlichem Hintergrund, in unterschiedlichen Stimmungen und mit unterschiedlicher Bildung.

Sehr persönlich

Zweitens sind Halluzinationen an das Unterbewusstsein des Einzelnen gebunden und an seine speziellen früheren Erfahrungen, was es sehr unwahrscheinlich macht, dass mehr als zwei Personen dieselbe Halluzination zur gleichen Zeit haben könnten. Christus ist vielen Menschen erschienen, und die Beschreibungen der Erscheinungen enthalten viele Einzelheiten, sodass die Psychologen sie als realistisch ansehen.

Christus aß auch zusammen mit denjenigen bzw. im Beisein derer, denen er erschien.[212] Und er wies nicht nur seine Wunden vor,[213] sondern ermutigte auch zu einer näheren Untersuchung. Eine Illusion setzt sich nicht hin und isst mit den Betreffenden. Sie kann auch nicht von verschiedenen Personen nach Belieben untersucht werden.

Eine Halluzination ist ein sehr persönliches Ereignis – eine rein subjektive Erfahrung ohne jeglichen äußeren Bezug oder Gegenstand. Wenn schon nicht zwei Menschen dieselbe Vision ohne äußere Einwirkung hervorrufen oder aufrechterhalten können, wie sollten mehr als 500 das gleichzeitig können? Das ist nicht nur unpassend für dieses Prinzip der Halluzinationen, sondern widerspricht ihm vollkommen. Die vielen angeblichen Halluzinationen wären ein viel größeres Wunder als das Wunder der Auferstehung. Diese Tatsachen machen die Theorie, dass die Erscheinungen Christi Halluzinationen seien, lächerlich.

Eine falsche Reaktion

Ein weiteres Prinzip ist, dass eine Illusion eine irrtümliche Wahrnehmung bzw. eine falsche Reaktion auf eine Sinnesreizung darstellt. Das widerspricht allen Erscheinungsberichten von denen, die Christus gesehen haben.[214]

Keine günstigen Umstände

Ein weiteres wichtiges Merkmal der Halluzinationen ist, dass gewöhnlich die Möglichkeiten dafür, wann und wo sie auftreten können, beschränkt sind. In den Situationen des Neuen Testaments fehlen die für Halluzinationen günstigen Umstände. Und die Erscheinungen, von denen berichtet wird, sind viel mehr als nur kurze Blicke. Die Zeit war ein Faktor. Es gab 15 verschiedene Erscheinungen – einmal vor über 500 Menschen.

Betrachten Sie die große Anzahl verschiedener Zeiten und Orte: Eine Erscheinung fand am frühen Morgen vor den Frauen am Grab statt; eine andere auf der Straße nach Emmaus, gefolgt von mehreren privaten Gesprächen am helllichten Tag; eine weitere am See (die am frühen Morgen stattfand). Die Unterschiedlichkeit der Zeiten und Orte von Christi Erscheinungen entkräftet die Hypothese, sie seien bloße Visionen gewesen.

Keine Erwartung

Ein fünftes Prinzip ist, dass Menschen mit Halluzinationen eine hoffnungsvolle Erwartung haben, sodass ihre Wünsche zum Vater ihrer Gedanken und Halluzinationen werden. Wenn wir die Jünger betrachten, so war das Letzte, was sie erwarteten, eine Auferstehung. Sie dachten, Christus sei gekreuzigt und begraben worden. Das war für sie das Ende.

Der verstorbene Theologe Paul Little machte eine scharfsinnige Beobachtung hinsichtlich der erwartungsvollen Haltung der angeblich »Halluzinierenden«: »Maria kam am ersten Ostersonntagmorgen mit Spezereien in der Hand zum Grab. Warum? Um den toten Körper des Herrn, den sie liebte, zu salben. Sie erwartete offensichtlich nicht, ihn von den Toten auferstanden zu finden. Auch die Jünger fürchteten sich, als der Herr ihnen schließlich erschien, und glaubten, einen Geist zu sehen.«[215]

Nicht genug Zeit

Halluzinationen treten gewöhnlich über einen längeren Zeitraum auf, mit erkennbarer Regelmäßigkeit. Interessant an der Anwendung dieses Prinzips auf die Situation des Neuen Testaments ist, dass die Erscheinungen zu einem plötzlichen Ende kamen. Sie hörten alle gleichzeitig auf, abgesehen von der Erscheinung Christi vor dem Apostel Paulus, deren Umstände und Bedingungen völlig andere waren.

Entspricht nicht den Tatsachen

Ein letztes Prinzip ist, dass Halluzinationen keinen Bezug zur objektiven Realität haben. Die Halluzinationstheorie berücksichtigt in keiner Weise das leere Grab, das gebrochene Siegel, die Wach-Einheiten und besonders die nachfolgenden Aktivitäten der Hohenpriester.

Ich bin von der Oberflächlichkeit der Halluzinationstheorie überzeugt. Die oben genannten fünf Theorien – unbekanntes Grab, falsches Grab, Legende, nur geistige Auferstehung und Halluzinationen – sind Versuche, die Auferstehung zu leugnen.

Zusammenfassung

Zwei wichtige Prinzipien sind zu befolgen, um zu erklären, was am Grab Jesu Christi am ersten Ostertag geschah:

1. Die Erklärung muss alle bekannten Fakten zu den Ereignissen um die Auferstehung einbeziehen.

2. Die Zeugnisse dürfen nicht einer vorgefassten Meinung angepasst werden. Im Laufe der Geschichte sind, um die Auferstehung wegzuerklären, fünf natürliche Theorien vorgebracht worden, die von der Voraussetzung ausgehen, dass das Grab belegt blieb:
   a) Die Theorie vom unbekannten Grab behauptet, dass die Henker den Leib Jesu in ein unbekanntes Massengrab warfen.
   b) Die Theorie vom falschen Grab besagt, dass die Jünger ein anderes, leeres Grab irrtümlich für Christi Grab hielten.
   c) Die Legendentheorie behauptet, dass die Erzählungen von der Auferstehung Christi erst viele Jahre später entstanden seien.
   d) Die Theorie von der geistigen Auferstehung behauptet, dass die Auferstehung Christi nur geistig war – sein Körper verweste im Grab.
   e) Die Halluzinationstheorie unterstellt, dass alle Erscheinungen Christi nach der Auferstehung nur halluzinatorische Täuschungen waren. Keine dieser fünf Theorien befolgt die beiden wichtigen Grundprinzipien, um zu erklären, was geschehen ist.

Eine Theorie ist so gut wie die andere

Historische Tatsache: Ein leeres Grab

Nun müssen wir uns mit den natürlichen Erklärungen befassen, die auf der Realität eines leeren Grabes beruhen. Ganz offensichtlich war das Grab an jenem Morgen nach der Kreuzigung, dem Tod und der Grablegung Christi leer. Die jüdischen Führer sind im Laufe der Jahre vieler Dinge beschuldigt worden, aber selten war Dummheit darunter.

Niemand wies den toten Leib Jesu vor

Die Ratsmitglieder und die Hohenpriester waren sowohl geschickte Dialektiker als auch praktische Politiker. In ihrem Umgang mit Pilatus waren sie brillant. Wenig Geschick wäre notwendig gewesen, mit den Anhängern Christi fertigzuwerden, hätten sie gewusst, wo sein Leib war. Wäre der Leib Christi noch im Grab gewesen, als seine Anhänger begannen, von der Auferstehung zu predigen, hätten die jüdischen Behörden lediglich seinen Leib vorweisen müssen. Die Jünger wären für immer zum Schweigen gebracht worden. Stattdessen brachten die jüdischen Behörden die Apostel mit Gewalt vor den jüdischen Rat und bedrohten sie mit dem Tode, falls sie nicht aufhören sollten, den auferstandenen Christus zu verkündigen.[216] Die Juden waren nicht in der Lage, den Leib Christi vorzuweisen. Sehen wir den Tatsachen ins Auge: Sie konnten keinen Leib hervorholen. Das Grab war leer.

Man muss daran denken, dass die Feinde Christi und die römische Wach-Einheit die Letzten waren, die seinen Leib vor der Auferstehung in ihrer Gewalt hatten.[217]

Jüdische Behörden wütend

Dr. Bill White war verantwortlich für das Gartengrab in Jerusalem, das viele für den Begräbnisort Christi halten. White stellte fest, dass »die jüdische Hierarchie wütend darüber war, dass die Apostel von der Auferstehung predigten. Sie tat alles in ihrer Macht Stehende, um zu verhindern, dass diese Botschaft sich ausbreitete, aber ihre Bemühungen waren vergeblich. Wenn der Leib Jesu noch im Grab gelegen hätte, wo Joseph von Arimathia ihn niedergelegt hatte, was wäre eine einfachere und umfassendere Widerlegung der Behauptungen der Apostel gewesen, als der Bevölkerung das Grab Jesu zu zeigen, es zu öffnen und den gekreuzigten Leib dieses selbst ernannten Messias zu exhumieren?«[218]

Beasley-Murray fügt dem oben Gesagten noch eine scharfsinnige Beobachtung hinzu: »Man hat scheinbar passenderweise übersehen, dass die Tausende derer, die sich in der Anfangszeit durch die Predigt hinsichtlich der Auferstehung zum Christentum bekehrten, alle Juden waren – entweder Bewohner oder Besucher Jerusalems. Diese akzeptierten eine revolutionäre Lehre, die durch einen Spaziergang von wenigen Minuten zu einem Garten gerade außerhalb der Stadtmauern zu erschüttern gewesen wäre. Weit davon entfernt, sie anzuzweifeln, verbreiteten sie alle miteinander enthusiastisch die neue Lehre nah und fern. Jeder Einzelne dieser ersten Bekehrten war ein Beweis für das leere Grab – aus dem einfachen Grund, dass sie niemals hätten Jünger werden können, hätte das Grab noch den Leib Jesu enthalten.«[219]

Eine Sekretärin in Jerusalem hätte in ihrer Mittagspause das leere Grab bestätigen oder widerlegen können. Es ist unwahrscheinlich, dass die Verkündigung eines auferstandenen Christus auch nur eine Minute hätte aufrechterhalten werden können, wenn nicht sowohl die Juden als auch die Christen überzeugt gewesen wären, dass es überwältigende Beweise für das leere Grab gab. Das leere Grab war »zu offenkundig, um geleugnet zu werden«.

Paul Althaus stellte fest, dass die Auferstehung »nicht einen Tag, nicht eine Stunde hätte aufrechterhalten werden können, wenn das Leersein des Grabes nicht eine für alle Betroffenen feststehende Tatsache gewesen wäre«[220].

Eindeutiger Beweis

Dr. Paul Maier stellte aus historischer Sicht fest: »Wenn man alle Zeugnisse sorgfältig und fair abwägt, ist es nach den Gesetzen der historischen Forschung tatsächlich gerechtfertigt, zu schließen, dass das Grab des Joseph von Arimathia, in dem Jesus bestattet war, am Morgen des ersten Ostertages wirklich leer war. Und nicht die Spur eines Beweises ist bisher in literarischen Quellen, Inschriften oder in der Archäologie gefunden worden, die diese Feststellung widerlegen würde.«[221] Wenn wir uns die Theorien ansehen, die auf einem leeren Grab basieren, wollen wir uns an die beiden wichtigsten Prinzipien der historischen Forschung erinnern:

1. Jede Erklärung muss alle Fakten einbeziehen.
2. Man darf die Zeugnisse nicht in eine vorgefasste Form pressen, sondern muss die Tatsachen für sich selber sprechen lassen.

Von den Jüngern gestohlen

Die erste – und die herausragendste – Theorie in Verbindung mit dem leeren Grab lautet, dass die Jünger oder Anhänger Jesu seinen Leib stahlen und die Auferstehungsgeschichte erfanden.

Die Wache bestochen

Diese Theorie wurde sogar von Matthäus berichtet. Doch sie war so offensichtlich falsch, dass er sich nicht einmal die Mühe machte, sie zu widerlegen. Matthäus schreibt: »Einige von der Wache [kamen] in die Stadt und verkündeten den Hohenpriestern alles, was geschehen war.« Wie wir schon früher sahen, gingen die Angehörigen der römischen Wache sofort zum jüdischen Hohenpriester, weil sie wussten, dass sie Schwierigkeiten bekommen hätten, wären sie zu Pilatus gegangen. Sie wussten, dass der jüdische Hohepriester beim Statthalter politischen Einfluss hatte. Daher gingen die Soldaten zuerst zu ihm, um Schutz zu suchen. Das spricht dafür, dass es nicht die Tempelpolizei war, die das Grab bewachte. Der Hohepriester hätte seine eigenen Männer nicht bestochen, um eine Lüge zu verbreiten. Er hätte einfach befohlen: »Tut es, oder es kostet euch den Kopf.«

Matthäus gibt den ganzen Vorfall folgendermaßen wieder: »Während sie[222] aber hingingen, siehe, da kamen einige von der Wache in die Stadt und verkündeten den Hohenpriestern alles, was geschehen war. Und sie versammelten sich mit den Ältesten und hielten Rat; und sie gaben den Soldaten reichlich Geld und sagten: ›Sprecht: Seine Jünger kamen bei Nacht und stahlen ihn, während wir schliefen.‹ Und wenn dies dem Statthalter zu Ohren kommen sollte, werden wir ihn beschwichtigen und machen, dass ihr ohne Sorge seid.«[223]

Justin spricht in seinem »Dialog mit dem Juden Trypho« davon, dass die Geschichte noch immer unter den Juden erzählt werde: »... ein gewisser Jesus, ein Betrüger aus Galiläa, den wir gekreuzigt haben; aber seine Jünger stahlen ihn in der Nacht aus dem Grab, in das er gelegt worden war, nachdem man ihn vom Kreuz gelöst hatte, und jetzt betrügen sie das Volk, indem sie behaupten, er sei von den Toten auferstanden und in den Himmel aufgestiegen.«

Diese Erklärung der Ereignisse nach dem Tod und Begräbnis Jesu gibt den Juden schwerwiegende Probleme auf. Tatsächlich zeigt dieser schwache Versuch der Behörden, die neue christliche Bewegung auszumerzen, wie verzweifelt sie waren.

Würde vor Gericht nicht standhalten

Das erste Problem mit dieser Theorie ist fast komisch. Wenn die Angehörigen der römischen Wache eingeschlafen waren, wie konnten sie dann wissen, dass es die Jünger waren, die den Leib gestohlen hatten? Jeder Anwalt der Verteidigung hätte mit Vergnügen den Hauptmann der Wache zum Kreuzverhör in den Zeugenstand geholt. Über eine solche Behauptung hätte man vor Gericht nicht nur gelacht; die Morgenzeitungen hätten die Behörden dafür »gekreuzigt«, dass sie Steuergelder ausgaben, um einen solchen Fall auch nur zuzulassen.

Schlafen sehr unwahrscheinlich

Das zweite Problem ist ebenso komisch. Der bloße Gedanke, dass die Wach-Einheit eingeschlafen sein soll, muss Stirnrunzeln hervorrufen. Sie werden sich erinnern, dass die Wache hoch diszipliniert war. Dr. George Currie, der Historiker, wies darauf hin, dass die Furcht vor Strafe eine »tadellose Aufmerksamkeit im Dienst hervorrief, besonders bei den Nachtwachen«[224].

Diese Sicherheitseinheit war eine Kampfmaschine. Wenn die Jünger irgendetwas versucht hätten, wäre es ein »Sechs-Sekunden-Krieg« geworden. Ein einziger Soldat wäre mit der ganzen Gruppe der Jünger fertiggeworden. Er hätte sie mit einer Hand in die Flucht geschlagen. Und Matthäus erzählt uns von der Feigheit der Jünger. Als Jesus im Garten Gethsemane festgenommen wurde, »verließen ihn die Jünger alle und flohen«[225].

Römische Wache müsste taub gewesen sein

Auch das dritte Problem ist mit einer Schwachstelle dieser Theorie verbunden. Die Lage des außerordentlich großen Steins – hinaufgerollt und ein Stück weit vom ganzen Grab entfernt – macht es sehr schwer, die Idee zu verteidigen, die gesamte Wach-Einheit habe all das verschlafen. Wenn die Jünger hätten eindringen, um die schlafenden Wachen herumschleichen, dann den Stein beiseiterollen und den Leib Jesu stehlen wollen, warum sollten sie dann einen 1½ bis 2 Tonnen schweren Stein einen Hang hinaufbewegen und ihn in einer gewissen Entfernung von dem ganzen massiven Grab in eine solche Lage bringen, dass es aussah, als habe jemand ihn aufgehoben und weggetragen?

Die Soldaten hätten Watte in den Ohren und noch Ohrenschützer darüber haben müssen, um diesen rollenden Stein nicht zu hören. Man muss die Lage des Steins erklären – gleichgültig, welche Theorie man vorbringt.

Zu ehrenhaft für Betrug

Ein viertes Problem mit der Theorie, die Jünger hätten den Leib Jesu gestohlen, ist Folgendes: Diese Handlungsweise würde allem widersprechen, was in der Geschichte über sie geschrieben worden ist. Sie waren ehrenwerte Männer, die ein hoher moralischer Stand auszeichnete. Der Historiker Edward Gibbon wies in seiner Analyse vom Verfall und Untergang des Römischen Reiches auf die »reine, aber strenge Moral der ersten Christen«[226] hin.

Die Verfechter dieser Diebstahls-Theorie müssten behaupten, dass die Anhänger Christi nicht nur den

Menschen eine Lüge aufbanden – ein Gedanke, der vollkommen dem widersprach, was ihr Meister lehrte und wofür er gestorben war –, sondern dass sie auch den Rest ihres Lebens fortfuhren, die Lüge von einem auferstandenen Christus zu verkündigen. Sie hätten all das getan als Feiglinge, die zu mutigen Männern wurden, die als Märtyrer für ihre Botschaft starben mit dem Wissen, dass alles nur eine Erfindung war.

Doch in Wirklichkeit waren sie bereit, für die verkündigte Botschaft der Auferstehung Gefängnis, Schläge und einen schrecklichen Tod auf sich zu nehmen.

Nicht einer von ihnen hat nach diesem Geschehen jemals den Herrn geleugnet oder seinen Glauben, dass Christus auferstanden war, widerrufen.

Das ist ohne Beispiel in der Geschichte. Und es ist noch erstaunlicher, wenn man sich klarmacht, dass, wenn es ein Betrug ihrerseits gewesen wäre, nicht ein Einziger jemals unter dem Druck zusammenbrach. Selbst angesichts des Todes gestanden sie niemals ihren Betrug, um ihr Gewissen zu erleichtern.

Dr. Simon Greenleaf, ein berühmter Rechtswissenschaftler von Harvard, stellte überzeugend fest, dass die Apostel unter dem Druck zusammengebrochen wären, wenn Jesus Christus nicht von den Toten auferstanden wäre.[227]

Der britische Rechtswissenschaftler Dr. J. N. D. Anderson sagte, dass diese Theorie »allem vollkommen widersprechen würde, was wir über die Jünger wissen – ihrer ethischen Lehre, der Art ihres Lebens und ihrer Standhaftigkeit in Leid und Verfolgung. Auch würde diese

Theorie nicht einmal im Ansatz ihre dramatische Verwandlung von niedergeschlagenen und mutlosen Flüchtlingen in Zeugen erklären, die keine Opposition zum Schweigen bringen konnte.«[228]

Diese Vorstellung von einem Diebstahl ist so weit hergeholt, dass selbst Dr. D.F. Strauß, ein ausgesprochener Gegner des Christentums, gestand: »Der Historiker muss anerkennen, dass die Jünger fest daran glaubten, dass Jesus auferstanden war.«[229] Der jüdische Gelehrte Dr. Joseph Klausner räumte ein, dass die Jünger zu ehrenhaft waren, um einen solchen Betrug auszuführen.[230]

Das letzte Problem mit dieser Theorie braucht kaum eine Erläuterung. Wenn die Jünger den Leib Christi gestohlen hätten, wie könnte man dann die vielen Erscheinungen Christi nach der Auferstehung erklären – besonders angesichts der Tatsache, dass sie einmal vor über 500 Menschen stattfand?

Behörden stahlen den Leib Jesu

Eine weitere ähnliche Theorie lautet, dass die römischen oder jüdischen Behörden den Leib Jesu in Sicherheit brachten, damit niemand einen Betrug mit einer angeblichen Auferstehung von den Toten begehen konnte.

Sie würden ihr eigenes Grab graben

Das klingt gut, solange man nicht innehält und fragt: »Warum sollten die Behörden genau das tun, was all ihre

Probleme verursachte?« Die Jünger gingen zurück nach Jerusalem, um zu predigen: »Christus ist auferstanden!« Wenn das, was sie lehrten, falsch war, brauchte nur jemand den toten Körper vorzuweisen.

Wo war das Dementi? Warum sagten die Behörden nicht: »Das ist Unsinn! Wir gaben die Befehle, den Leib fortzubringen.« Und wenn das nicht ausreichte, warum riefen sie dann nicht die als Zeugen auf, die den Leib fortgebracht hatten? Oder warum brachten sie die Zweifler nicht einfach zum neuen Ruheplatz? Oder weshalb zeigten sie ihnen nicht ihren »Ablieferungsschein«?

Noch eine letzte Möglichkeit: Warum legten sie den Leib Christi nicht auf einen Karren und zogen damit die Via Dolorosa entlang? Diese öffentliche Zurschaustellung hätte dem Christentum den Todesstoß versetzt – nicht erst in der Wiege, sondern gewissermaßen noch im Mutterleib. Es hätte niemals ein Christentum gegeben.

Es gibt nur eine vernünftige Antwort auf die oben gestellte Frage: Sie konnten den Leib nicht vorweisen. Die Behörden hatten keine Ahnung, wo er war. Das Christentum beruht felsenfest auf der Tatsache, dass man den Leib des Herrn nicht vorzeigen kann.

Ein stiller Alarm

Über den Aufenthaltsort des Leibes Jesu könnte man zu dem Schluss kommen, dass »das Schweigen der Juden lauter spricht als die Stimme der Christen«[231]. Dr. John Warwick Montgomery erklärte: »Es übersteigt die Grenzen der Glaubwürdigkeit, dass die Christen der urgemeindlichen

Zeit eine solche Geschichte erfunden und dann vor denjenigen gepredigt haben sollen, die sie leicht hätten widerlegen können, indem sie einfach den Leib Jesu vorwiesen.«[232]

Ein muslimischer Student, der in Uruguay studierte, sagte mir während einer Diskussion über die Auferstehung Christi scherzhaft: »Ihr armen Christen, ihr wisst nicht, wohin ihr geht! Wir gehen zum Grab unseres Meisters, und wir haben seinen Leichnam. Ihr geht zum Grab eures Meisters, und es ist …«

Ich bemerkte seine Verwirrung und sagte: »Sprechen Sie weiter! Sagen Sie es! Es ist leer!« O wie gerne hätte ich seinen Gesichtsausdruck mit einer Sofortbildkamera festgehalten! Zum ersten Mal wurde diesem Studenten die Bedeutung der Tatsache bewusst, dass das Grab leer war.

Wiederbelebungstheorie

Die nächste Theorie schlägt nahezu dem Fass den Boden aus. Sie wird als »Ohnmachtstheorie« bezeichnet. Diese Ansicht war bei den Rationalisten des 18. Jahrhunderts populär. Heute ist sie wieder an vielen Universitäten zu finden, ebenso bei einer muslimischen Sekte, bekannt als Ahmadiyya, wenn auch in leicht abgewandelter Form.

Er wurde einfach ohnmächtig

Die »Ohnmachts«-Geschichte geht ungefähr so: Jesus starb nicht wirklich am Kreuz. Es stimmt, dass er ans Kreuz genagelt wurde und Schock, Schmerzen und Blutverlust erlitt. Aber statt zu sterben, wurde er nur vor Erschöpfung ohnmächtig. Die Jünger, die ihn für tot hielten, bestatteten ihn lebendig. Sie wurden leicht irregeführt, da ihre medizinischen Kenntnisse in damaliger Zeit nicht groß waren. Das kalte Grab, in das er gelegt wurde, belebte ihn wieder. Seine Jünger waren so unwissend, dass sie nicht glauben konnten, er sei nur wiederbelebt worden, sondern darauf bestanden, er sei von den Toten auferstanden.

Diese Theorie würde besagen:

1. Gegen Jesus wurden sechs Prozesse geführt – drei römische (bzw. säkulare) und drei jüdische (bzw. religiöse).
2. Er wurde auf fast unbeschreibliche Weise mit dem römischen *Flagrum* geschlagen.
3. Er war so schwach, dass er nicht sein eigenes *Patibulum*, den hölzernen Kreuzbalken, tragen konnte.
4. Seine Hände und Füße wurden von Nägeln durchbohrt, als er gekreuzigt wurde.
5. Die Römer stießen einen Speer in seine Seite, und Augenzeugen sagten: »Blut und Wasser [kam] heraus«, ein Zeichen des Todes.
6. Vier Henker bestätigten seinen Tod – sie müssen sich alle geirrt haben.
7. Ungefähr 100 Pfund Spezereien und eine klebrige Substanz umgaben seinen Körper – er muss durch all das hindurch geatmet haben.
8. Er wurde in ein kaltes, feuchtes Grab gelegt.
9. Ein großer Stein wurde vor den Eingang gerollt.
10. Eine römische Wache wurde dort postiert.
11. Ein Siegel wurde vor dem Eingang angebracht.

Dann geschah, nach dieser Theorie, eine unglaubliche Sache. Die kühle, feuchte Luft des Grabes hatte eine unerwartete Wirkung: Sie belebte ihn. Er befreite sich aus seinen Gewändern, stieß den Stein beiseite, kämpfte sich durch die Wachen und erschien kurz darauf seinen Jüngern als Herr des Lebens.

Ein größeres Wunder

Diese Hypothese ignoriert die Fakten so vollständig, dass es schwer zu glauben ist, dass sie eine populäre Erklärung unter den Rationalisten des 18. Jahrhunderts gewesen sein soll.

Hinsichtlich der Wahrheit dieser Theorie stellt E. Le Camus prägnant und sehr logisch fest: »Das wäre noch ein größeres Wunder als die Auferstehung selbst.«[233]

Meinung eines Skeptikers

Dr. David F. Strauß war einer der erbittertsten Gegner der übernatürlichen Elemente in den Evangelien und ein Mann, dessen Werke viel dazu beitrugen, um den Glauben an Christus zu zerstören. Dieser Mann versetzte (trotz all seiner bösartigen Kritiken und trotz seiner hartnäckigen Verleugnung alles Übernatürlichen) jedem Gedanken daran, dass Jesus nur aus einer Ohnmacht erwacht sei, den Todesstoß.

Er sagte: »Es ist unmöglich, dass ein Wesen, das halb tot aus einem Grab gestohlen worden war, das schwach und krank herumkroch, das Verbände, Stärkung und Schonung brauchte und das zumindest noch an seinen Leiden zu tragen hatte, den Jüngern den Eindruck hätte vermitteln können, er sei der Sieger über Tod und Grab, der König des Lebens, ein Eindruck, der die Grundlage für die künftige Verehrung bildete. Eine solche Wiederbelebung hätte nur den Eindruck schwächen können, den er in Leben und Tod auf sie gemacht hatte, hätte aber auf keinen Fall ihren Kummer in Enthusiasmus verwandeln, ihre Verehrung zu Anbetung erheben können.«[234]

Die Passah-Komplott-Theorie

Eine moderne Abwandlung der Ohnmachtstheorie ist von Hugh Schoenfield in seinem Werk *The Passover Plot* vorgebracht worden.

Nach Schoenfield glaubte Jesus, der Messias zu sein. Daher habe er einen genauen Plan aufgestellt, um das zu arrangieren, was seine Auferstehung zu sein schien. Jesus zog Joseph von Arimathia und einen anonymen *jungen Mann* ins Vertrauen. Er kannte die vielen Prophezeiungen des Alten Testaments über den Messias und führte sein Leben so, dass er diese Voraussagen erfüllen und den Geist der Menschen manipulieren konnte.

Jesus arrangierte, wie Schoenfield sagte, einen vorgetäuschten Tod am Kreuz durch Einnahme einer Droge. Er erhielt die Droge, als ihm der Essig geboten wurde.

Der Plan war, dass Joseph seinen Körper in eines seiner Gräber bringen sollte. Sobald die Wirkung der Droge nachlassen würde, wollte Jesus lebendig erscheinen und sich als Messias offenbaren. Doch der Plan geriet durcheinander, als die römische Wache unerwartet einen Speer in seine Seite stieß. Er kam nur noch zeitweise zu Bewusstsein und starb schließlich. Vor dem Morgengrauen wurden die sterblichen Überreste schnell herausgenommen und beiseitegeschafft, damit das Grab leer war.

Der *unbekannte junge Mann* wurde dann, wie Schoenfield sagte, von der emotional verwirrten Maria versehentlich für Jesus gehalten. Bei vier verschiedenen Gelegenheiten wurde der mysteriöse junge Mann von den verwirrten Jüngern als Christus identifiziert. Weder Joseph von Arimathia noch dieser junge Mann stellten jemals das Missverständnis der Jünger richtig. Diese »Erscheinungen« veranlassten die Anhänger Christi, hinauszugehen und die Welt zu verändern.

Einige Beobachtungen zum Komplott

Das Passah-Komplott stellt die endgültige Verdrehung der Geschichte und Manipulation der Tatsachen dar. Dr. Samuel Sandmen vom »Hebrew Union College« hat Schoenfields Schöpfung am besten zusammengefasst: »Schoenfields fantasievolle Rekonstruktion lässt jeden Funken eines Beweises vermissen. Meiner Ansicht nach sollte dieses Werk für die bloße Kuriosität angesehen werden, die es in der Tat ist.«[235]

Professor David Stanley von der Fordham University in New York und dem Regis College in Toronto sagte: »Im Allgemeinen gehören die meisten dieser Geschichten zum Sensationsjournalismus.«[236]

Der einzige Grund, warum ich diese Geschichte erwähne, ist, dass viele Studenten und Professoren sie im Zusammenhang mit der Auferstehung anführen.

Die Theorien bestimmen die Fakten

Das erste Problem in diesem Passah-Komplott ist Schoenfields dreistes Auswahlverfahren. Es ist ein klassisches Beispiel für die Betrachtung von Zeugnissen nach vorgefassten Theorien und für die Auswahl nur solcher Fakten, die die eigene Ansicht stützen, sowie für das Weglassen aller anderen, und zwar mit keinem anderen erkennbaren Kriterium als dem, dass es nicht in das eigene Schema der Ereignisse passt.

Nehmen wir zum Beispiel die Wache, die am Grab postiert war. Schoenfield leugnet die Wache am Grab, da Matthäus der einzige Verfasser des Neuen Testaments ist, der davon berichtet. Die Überlegung scheint zu sein, dass man ein Ereignis übergehen kann, wenn nur ein einziger Verfasser es erwähnt. Schoenfield akzeptiert jedoch die Geschichte von dem Speerstoß in Christi Seite. Sie stellt sogar eine der wichtigsten Voraussetzungen für seine Behauptung dar. Es war, wie Schoenfield sagte, der Speer in Christi Seite, der das Komplott scheitern ließ. Er hätte jedoch die Geschichte vom Speer in der Seite Jesu genauso verwerfen müssen, da sie nur im Bericht des Johannes erscheint.

So viele Probleme

Weitere Probleme entstehen, wenn wir

1. die vier Henker berücksichtigen, die notwendig waren, um den Tod zu bestätigen;
2. die römische Wache, für deren Authentizität es viele historische und literarische Belege gibt;
3. das römische Siegel;
4. die Größe des Steins;
5. die Erkenntnis, dass das Komplott Jesus in einen ungeheuren Betrug verwickeln würde, der dem Charakter Jesu und allem entgegenstände, was in der Geschichte über Christus geschrieben worden ist; und
6. die Veränderung in den Jüngern.

Dr. J.N.D. Anderson schrieb über Schoenfield: »Es wird von uns verlangt, zu glauben, dass die skeptischen Jünger durch das Erscheinen dieses jungen Mannes so verwirrt wurden, dass sie glaubten, Jesus sei auferstanden. Und durch diese Verwirrung wurden sie so verwandelt, dass sie mit ihren Predigten Jerusalem auf den Kopf stellten.«[237]

Und mit einem Federstrich sollten wir alle (bis auf vier) Erscheinungen Christi vor Augenzeugen auslöschen, da sie nicht in die Theorie passen.

Die Erwähnung von 500 Zeugen durch Paulus wurde ausgesprochen und niedergeschrieben, als die Mehrzahl dieser 500 Personen noch lebte und die Berichte bestätigt oder widerlegt werden konnten. Wenn es keine 500 Zeugen gegeben hätte, hätte Paulus unter dem Gelächter der Besucher die Synagogen verlassen und die sonstigen Verkündigungsstätten unter dem Spott der dort Versammelten räumen müssen. Stattdessen kamen aufgrund seiner Predigten Tausende zu Christus.

Die Tatsachen sprechen lauter als die Theorien

Die natürlichen Theorien zur Erklärung der Auferstehung sind nun im Lichte all der Sicherheitsmaßnahmen, die von den römischen und jüdischen Behörden am Grab unternommen wurden, sorgfältig untersucht worden.

Professor Paul L. Maier, ein Mann, der in der Analyse historischer Argumente geübt ist, kommt zu dem Schluss: »Keine dieser Theorien bietet irgendeine solide Basis zur historischen Rekonstruktion dessen, was am ersten Ostermorgen geschehen ist. Wenn man sie redlich untersucht, erscheinen sie sehr fantastisch, und sie alle werfen mehr Schwierigkeiten auf, als sie lösen. Keine einzige Theorie erklärt alle berichteten Phänomene. Dazu wäre eine unglaubliche Kombination mehrerer von ihnen notwendig. Das muss gesagt werden, und zwar nicht aufgrund irgendeiner grundlegenden Aussage christlicher Apologetik, sondern infolge nüchterner historischer Forschung.«[238]

Ich bin sicher, die jüdischen Hohenpriester müssen viele Male gegrübelt haben: »Warum haben wir nur jemals die Römer gebeten, das Grab zu sichern?« Sie trafen so viele Maßnahmen, dass sie es schließlich übertrieben und so ein bedeutsames Zeugnis für die Auferstehung Jesu ablegten.

Er ist auferstanden!

Nur ein einziger Schluss zieht alle Tatsachen in Betracht und passt sie nicht vorgefassten Meinungen an. Es ist der Schluss, dass Christus tatsächlich auferstanden ist – eine übernatürliche Tat Gottes in der Geschichte.

Zusammenfassung

Jede bekannte historische Tatsache weist darauf hin, dass das Grab Jesu Christi am dritten Tag leer war.

Vier natürliche Theorien sind vorgebracht worden, um diese wegzuerklären:

1. Die erste Theorie behauptet mithilfe schwacher Argumente, dass die Jünger die Auferstehung vortäuschten, indem sie den Leib Jesu stahlen und hingingen, um für eine Lüge den Märtyrertod zu sterben.
2. Die zweite behauptet, dass die Behörden den Leib stahlen, und lässt außer Acht, warum sie ihn nicht einfach zur Schau stellten, um zu beweisen, dass die Jünger unrecht hatten, als diese die Auferstehung Christi predigten.
3. Die Wiederbelebungstheorie (manchmal als »Ohnmachtstheorie« bezeichnet) argumentiert in unglaubwürdiger Weise, dass Christus, der von seinen Prozessen und der Geißelung her so schwach war, dass er nicht einmal sein Kreuz selber tragen konnte, nur scheinbar am Kreuz starb, von der kühlen Luft im Grab wiederbelebt wurde, seine Grabtücher abschüttelte, den Zwei-Tonnen-Stein wegrollte, die römischen Wachen

abwehrte und seinen Jüngern als Herr des Lebens erschien.

4. Die »Passah-Komplott«-Variante dieser Theorie behauptet, dass Christus plante, die Prophezeiungen über den jüdischen Messias zu erfüllen. Er beabsichtigte, nur scheinbar am Kreuz zu sterben. Doch der ungeplante Speerstoß in seine Seite tötete ihn. Ein unbekannter junger Mann wurde im Folgenden von Maria und den anderen Jüngern irrtümlich für Jesus gehalten, und niemand stellte jemals ihren Irrtum richtig.

Keine dieser Theorien, die alle übernatürlichen Eingriffe in das Geschehen leugnen, wird allen bekannten Fakten um die Auferstehung Jesu Christi gerecht.

Der Indizienbeweis

Es gibt tatsächlich weitere Beweise für die körperliche Auferstehung Christi. Man nennt sie Indizienbeweise. »Unmittelbare Beweise« betreffen die infrage stehende Tatsache selbst, wie z. B.: »Ist Christus von den Toten auferstanden?« Das *Random House Dictionary of the English Language* vermittelt die Bedeutung von *Indizienbeweis* am besten, nämlich als »eine Tatsache, aus deren Vorhandensein der Beweis für eine andere Tatsache entnommen wird«.

Unmittelbarer Beweis und Indizienbeweis

Bei einem Raubüberfall ist z. B. die Aussage eines Zeugen, der gesehen hat, wie der Mann eine Waffe zog und auf den Angestellten schoss, ein unmittelbarer Beweis.

Aber:

1. dass der Mann gesehen wurde, als er das Geschäft unmittelbar vor dem Schuss betrat,
2. eine Quittung, die zeigt, dass er die Waffe gekauft hat,
3. seine Fingerabdrücke auf der Waffe und auf der Registrierkasse und
4. ein ballistischer Bericht, der zeigt, dass die Kugel aus seiner Waffe kam,

all das sind *Indizienbeweise.*

Die Beweise häufen sich

Das Unvermögen irgendeines Indizienbeweises, eine Tatsache endgültig zu beweisen, macht diesen Beweis nicht weniger wertvoll.

In *McCormick's Handbook* heißt es dazu: »Ein Ziegelstein ist keine Mauer, aber kleine Beweisstücke summieren sich zu einem festen Beweis.«[239] Vor einem Gericht ist der Indizienbeweis ebenso gültig wie der unmittelbare Beweis.[240] Und oft ist ein starker Indizienbeweis vertrauenswürdiger als ein unmittelbarer Beweis, da er nicht so leicht gefälscht werden kann.

Es gibt Indizienbeweise, die ohne die Tatsache der Auferstehung nicht zu erklären sind.

Indizienbeweis 1 – Die Gemeinde

Tatsache Nr. 1 ist der Ursprung und die Existenz der Gemeinde. Der frühe Erfolg der christlichen Gemeinde ist ein historisches Phänomen, das erklärt werden muss. Ihr Ursprung kann unmittelbar bis in die Stadt Jerusalem, die Hauptstadt Israels, um das Jahr 30 n. Chr. zurückverfolgt werden. Die Gemeinde blühte in der Stadt, in der Jesus gekreuzigt und begraben worden war.

Glauben Sie, dass die Urgemeinde auch nur eine Woche in ihrer feindlichen Umgebung überlebt hätte, wenn Jesus Christus nicht von den Toten auferstanden wäre? Die Auferstehung dessen, auf den sich die Gemeinde gründet, wurde nur wenige Gehminuten von Josephs Grab entfernt gepredigt. Als Ergebnis der ersten Predigt, unmittelbar nachdem ein auferstandener Christus verkündigt worden war, glaubten 3000 Menschen.[241] Kurz darauf waren es schon ca. 5000. Hätten all diese Bekehrten gewonnen werden können, wenn Jesus nicht von den Toten auferstanden wäre?

Dr. J. N. D. Anderson schloss aus den Beweisen, dass die Gemeinde ihren Ursprung der Auferstehung dessen verdankt, der ihr Herr ist und auf den sie gegründet ist. Er fragte: »Gibt es irgendeine andere Theorie, die den Tatsachen gerecht wird?«[242]

Dr. Daniel Fuller stellte fest: »Die Gemeinde ohne Beziehung zur Auferstehung dessen erklären zu wollen, auf den sie gegründet ist, wäre genau so hoffnungslos, wie zu versuchen, die römische Geschichte ohne Beziehung zu Julius Cäsar zu erklären.«[243]

Indizienbeweis 2 – Sonntagsgottesdienst

Tatsache Nr. 2 ist das soziologische Phänomen des christlichen Sonntags. Die Entscheidung, den »Tag des Herrn« vom Sabbat (Samstag) auf den ersten Tag der Woche (Sonntag) zu verlegen, ist wahrscheinlich eine der bedeutsamsten Entscheidungen, die jemals von einer Gruppe von Menschen in der Geschichte getroffen wurde. Das wird besonders deutlich, wenn man die Folgen betrachtet, die nach dem Glauben der Juden eintreten würden, wenn sie unrecht gehabt hätten.

Die Christen der urgemeindlichen Zeit waren fromme Juden und als solche äußerst eifrig darauf bedacht, den

Sabbat einzuhalten. Die Juden fürchteten sich, den Sabbat zu brechen. Sie glaubten, sich den Zorn Gottes zuzuziehen, wenn sie ihn brachen. Doch etwas geschah, das diese frommen jüdischen Männer und Frauen veranlasste, all den Jahren religiöser Erziehung und Tradition den Rücken zu kehren.

Sie verlegten ihren »Tag des Herrn« auf den Sonntag, um den Tag der Auferstehung Jesu Christi zu ehren. Ich kenne kein anderes historisches Ereignis, das 52-mal im Jahr gefeiert wird.

Die vernünftigste Erklärung für all dies ist, dass Jesus Christus ihnen nach seiner Auferstehung erschien.

Indizienbeweis 3 – Verändertes Leben

Eine weitere Tatsache, die als Indizienbeweis die Auferstehung Jesu betrifft, ist das psychologische Phänomen des veränderten Lebens.

Sie hatten keinen irdischen Gewinn

Das veränderte Leben dieser christlichen Gläubigen in der urgemeindlichen Zeit ist eines der eindrucksvollsten Zeugnisse für die Tatsache der Auferstehung. Wir müssen uns selbst fragen: Was motivierte sie dazu, überallhin zu gehen und die Botschaft des auferstandenen Christus zu verkündigen?

Hätte es sichtbare Vorteile gegeben, die ihnen aus ihren Bemühungen entstanden wären (wie Ansehen, Reichtum oder ein höherer sozialer Status), könnten wir ihre Handlungen logisch erklären. Als »Lohn« für ihre rückhaltlose und totale Hingabe an diesen »auferstandenen Christus« wurden diese frühen Christen jedoch geschlagen, zu Tode gesteinigt, den Löwen vorgeworfen, gefoltert, gekreuzigt und jeder erdenkbaren Repressalie unterworfen, die sie am Reden hindern sollte. Und doch waren sie die friedlichsten aller Menschen, die ihren Glauben niemandem aufzwangen. Eher gaben sie ihr Leben als letzten Beweis für ihr vollkommenes Vertrauen in die Wahrheit ihrer Botschaft.

Die am schwersten zu Überzeugenden

Da waren die Skeptiker unter denen, die Jesus von den irdischen Verhältnissen her am nächsten standen.[244] Seine Halbbrüder glaubten nicht an ihn. Sie waren verstört, als sie hörten, wie ihr Halbbruder zu den Menschen sagte: »Ich bin der Weg und die Wahrheit und das Leben. Niemand kommt zum Vater als nur durch mich«, und: »Ich bin der Weinstock, ihr seid die Reben«, und: »Ich bin der gute Hirte; der gute Hirte lässt sein Leben für die Schafe.«[245]

Was würden Sie tun, wenn Ihr Bruder das täte?

Da war Jakobus, sein Halbbruder. Er hielt sich in der Gesellschaft der Skeptiker auf. Jakobus und seine Brüder verspotteten Jesus.

Aber nachdem Jesus jenen erniedrigenden Tod am Kreuz erlitten und Schande über die Familie gebracht hatte und begraben war, wo finden wir da diejenigen, die am schwersten zu überzeugen waren – seine Halbbrüder?

Wir finden sie in dem Obersaal mit den Jüngern, die

Sendung des Heiligen Geistes erwartend.[246] Nun, wenn sie ihn verspottet hatten, als er noch lebte, was war innerhalb weniger Tage geschehen, das ihr Leben umkehrte?

Jakobus wurde ein Führer der Urgemeinde und schrieb einen Brief mit den einleitenden Worten: »Jakobus, Knecht Gottes und des Herrn Jesus Christus.«[247] Schließlich starb Jakobus für die Sache Christi einen Märtyrertod durch Steinigung.[248] Was war geschehen?

Die beste Erklärung, die ich kenne, wird von Paulus berichtet: »Danach erschien er Jakobus.«[249]

Seine feigen Anhänger

Was war mit den ängstlichen Jüngern Jesu? Als die Behörden Jesus im Garten Gethsemane gefangen nahmen, »da verließen ihn die Jünger alle und flohen«[250]. Während des Prozesses gegen Christus ging Petrus hin und verleugnete ihn dreimal.[251] Nachdem Christus gekreuzigt worden war, versteckten sich die ängstlichen Jünger im Obersaal und verriegelten die Türen.[252] Aber innerhalb von Tagen geschah etwas, das diese Gruppe von feigen Anhängern total veränderte und sie zu einer kühnen Schar von Enthusiasten machte, die dem Märtyrertod ohne Furcht und Zögern begegneten. Petrus, der Jesus verleugnet hatte, wurde für seine beharrlichen Predigten vom »auferstandenen Christus« ins Gefängnis geworfen und später selbst mit dem Kopf nach unten gekreuzigt.

Was war geschehen? Die logischste Erklärung ist, dass Christus Petrus und den anderen Aposteln erschienen ist.[253]

Ein jüdischer Fanatiker bekehrt

Und was geschah mit Paulus, dem religiösen Verfolger der Christen? Dieser jüdische Fanatiker hasste die Anhänger Christi so sehr, dass er sich eine besondere Erlaubnis geben ließ, um in andere Städte gehen und Jünger Christi einkerkern zu können.[254]

Aber es geschah etwas mit diesem Verfolger. Er wurde von einem Gegner zu einem Vorkämpfer Jesu. Aus einem Mörder wurde ein christlicher Missionar, der bis heute seinesgleichen sucht. Aus einem bitteren Verfolger der Christen wurde einer der größten Verkündiger des christlichen Glaubens. Die Ironie ist, dass Paulus begann, die jüdischen Behörden zu verwirren, »indem er bewies, dass dieser der Christus ist«, der Sohn Gottes.[255] Er wurde schließlich für diese Hingabe an Christus getötet.

Was war geschehen? Die historische Erklärung ist Paulus' Behauptung: Zuletzt »aber von allen … erschien er auch mir«[256].

Kaum etwas könnte heute dem gewaltigen Ereignis der Bekehrung des Paulus zum Christentum gleichkommen. Was Paulus für Lügen und reine Erfindung über Jesus gehalten hatte, stellte sich als unleugbare Tatsache heraus.

Es wäre sehr schwierig, die Verwandlung dieser Männer zu erklären, wenn die Auferstehung nicht wahr wäre. Professor Robert Grant sagte: »Der Ursprung des Christentums ist fast unverständlich, wenn ein solches Ereignis nicht stattgefunden hat.«[257]

Eine Auferstehung erklärt alle Tatsachen

Der Juraprofessor Simon Greenleaf von Harvard war ein Mann, der jahrelang gelehrt hatte, wie man eine Aussage auseinandernimmt und feststellt, ob ein Zeuge lügt oder nicht. Er kam zu dem Schluss: »Es wäre daher unmöglich, dass sie fortfuhren, die berichteten Wahrheiten zu bezeugen, wenn Jesus nicht wirklich von den Toten auferstanden wäre und die Jünger diese Tatsache nicht absolut sicher gewusst hätten.

Die Annalen der militärischen Kriegsführung bieten kaum ein ähnliches Beispiel von heroischer Standhaftigkeit, Geduld und nicht wankendem Mut. Sie hatten tatsächlich allen Grund, ihren Glauben und die Beweise für die großen Tatsachen und Wahrheiten, die sie verfochten, sorgfältig zu überdenken.«[258]

Dr. George Eldon Ladd schreibt über die historische Bedeutsamkeit der Veränderung in den Aposteln: »Der Historiker muss auch eingestehen, dass die historische Kritik noch keine angemessene historische Erklärung für diese Tatsache gefunden hat – ja, dass für den Historiker die Verwandlung in den Jüngern ein ungelöstes Problem darstellt. Er muss auch zugeben, dass die Ansicht, Jesus sei tatsächlich von den Toten auferstanden, alle Fakten erklären würde.«[259]

Wer heute an Jesus Christus glaubt, kann wie diese ersten Christen völlig darauf vertrauen, dass sein Glaube nicht auf einem Mythos oder einer Legende beruht, sondern auf der soliden historischen Tatsache des leeren Grabes und des auferstandenen Christus.

Er kann Ihr Leben verändern

Was noch wichtiger ist, der einzelne Gläubige kann die Macht des auferstandenen Christus in seinem heutigen Leben erfahren. Erstens kann er wissen, dass seine Sünden vergeben sind.[260] Zweitens kann er des ewigen Lebens und der eigenen Auferstehung aus dem Grab sicher sein.[261] Und drittens kann er von einem bedeutungslosen und leeren Leben erlöst und zu einem neuen Geschöpf in Jesus Christus verwandelt werden.[262]

Zusammenfassung

Vor Gericht ist ein Indizienbeweis oft vertrauenswürdiger als ein unmittelbarer Beweis, da er nicht so leicht gefälscht werden kann. Einige starke Indizienbeweise sprechen deutlich für die körperliche Auferstehung Jesu Christi:

1. Der Ursprung und die Existenz der christlichen Gemeinde wurzeln in Jerusalem und gehen auf dieselbe Zeit zurück, als es von dem Ereignis der Auferstehung erschüttert wurde.
2. Die Tatsache, dass die Christen der urgemeindlichen Zeit, die alle fromme Juden waren, am Sonntag statt am Samstag (dem Sabbat) ihre Zusammenkünfte abhielten, kann nur erklärt werden, weil der Sonntag der Tag der Auferstehung war.
3. Das Phänomen des verwandelten Lebens der frühen Jünger kann außerhalb der Tatsache der Auferstehung nicht erklärt werden. Inmitten einer unglaublich feindlichen Umgebung waren die Jünger unerschütterlich in ihrer Sicherheit in Bezug auf die Auferstehung. Und die

darauffolgende Bekehrung und Mission des Apostels Paulus ist eine der tief greifendsten Verwandlungen im gesamten Neuen Testament.

Er veränderte mein Leben

Indizienbeweis 4 – Er hat mein Leben verändert

Der letzte Indizienbeweis, den ich vorbringen möchte, ist das, was mit mir selbst geschah. Ich glaube, ich bin ein wandelndes Zeugnis dafür, dass Jesus Christus von den Toten auferstanden ist und heute lebt. Im ersten Kapitel habe ich erzählt, wie ich daranging, die Auferstehung und das Christentum intellektuell zu widerlegen. Nachdem ich die Beweise gesammelt hatte, von denen einige in diesem Buch mitgeteilt wurden, wurde ich zu der Schlussfolgerung gezwungen, dass meine Behauptungen nicht standhalten konnten und dass Jesus Christus sich genau als derjenige erwies, der er nach seinen Behauptungen war – der Sohn Gottes.[263]

Ein Konflikt entwickelt sich

In dem Moment stand ich aber vor einem großen Problem. Mein Verstand sagte mir, dass all dies wahr sei, aber mein Wille zog mich in eine andere Richtung. Ich entdeckte, dass es eine das ganze Ich erschütternde Erfahrung ist, ein Christ zu werden.

Jesus Christus forderte unmittelbar meinen Willen heraus, ihm zu vertrauen. Lassen Sie mich seine Einladung frei wiedergeben: »Sieh! Ich stehe vor der Tür und klopfe ständig an. Wenn irgendjemand hört, dass ich ihn rufe, und die Tür öffnet, dann werde ich eintreten.«

Da stand ich also: Mein Verstand sagte mir einerseits, das Christentum sei wahr, und mein Wille sagte: »Gib es nicht zu!« Jedes Mal, wenn ich mit diesen enthusiastischen Christen zusammen war, begann der Konflikt von Neuem. Wenn Sie jemals mit glücklichen Menschen zusammen waren, während es Ihnen miserabel ging, verstehen Sie, wie verrückt einen das machen kann. Sie waren so glücklich, und ich fühlte mich so elend, dass ich am liebsten aufgestanden und aus der Studentenversammlung hinausgerannt wäre.

Es kam zu einem Punkt, an dem ich um zehn Uhr abends ins Bett ging und nicht vor vier Uhr morgens einschlief. Ich wusste, ich musste meine innere Unruhe loswerden, oder ich würde den Verstand verlieren! Ich hatte immer eine aufgeschlossene Geisteshaltung gehabt, aber hier war ich verstandesmäßig überfordert. So dachte ich zunächst.

Das neue Leben beginnt

Da ich aufgeschlossen war, wurde ich am 19. Dezember 1959 um 20.30 Uhr während meines zweiten Jahres an der Universität ein Christ.

Jemand fragte mich: »Wie können Sie das wissen?«

Ich sagte: »Sehen Sie, ich war dabei.«

In jener Nacht betete ich. Ich betete vier Dinge, um eine Beziehung zu dem auferstandenen, lebendigen Christus herzustellen. Seitdem hat er mein Leben verändert.

Erstens sagte ich: »Herr Jesus, danke, dass du für mich am Kreuz gestorben bist.« Zweitens sagte ich: »Ich gestehe die Dinge in meinem Leben ein, die dir nicht gefallen, und bitte dich, mir zu vergeben und mich zu reinigen.« – Die Bibel sagt: »Wenn eure Sünden wie Scharlach sind, wie Schnee sollen sie weiß werden; wenn sie rot sind wie Karmesin, wie Wolle sollen sie werden.«[264] – Drittens sagte ich: »Jetzt werde ich, so gut ich kann, die Tür meines Herzens und Lebens öffnen und dir als meinem Erlöser und Herrn vertrauen. Übernimm die Leitung meines Lebens. Kehre mein Inneres nach außen. Mache mich zu dem Menschen, zu dem du mich geschaffen hast.«

Das Letzte, das ich betete, war: »Danke, dass du durch den Glauben in mein Leben getreten bist.« Es war ein Glaube, der nicht auf Unwissenheit beruhte, sondern auf den Zeugnissen der Geschichte und dem Wort Gottes.

Ich bin sicher, Sie haben gehört, dass religiöse Menschen von ihrem »Blitzschlag« sprachen. Wie auch immer, nachdem ich gebetet hatte, geschah nichts. Ich meine wirklich nichts. Ich hatte meine Flügel noch nicht entfaltet! Ich fühlte mich, nachdem ich diese Entscheidung getroffen hatte, noch schlechter. Ich fühlte buchstäblich, dass ich mich übergeben musste. Mir war zutiefst übel.

»O, nein, McDowell, worauf hast du dich jetzt eingelassen?«, fragte ich mich. Ich fühlte mich so, als hätte ich die Fassung verloren – und einige meiner Freunde stimmten mir bei.

Die Veränderungen beginnen

Aber ich kann Ihnen eines sagen: Innerhalb von sechs Monaten bis 1½ Jahren stellte ich fest, dass ich nicht die Fassung verloren hatte. Mein Leben war verändert!

Ich befand mich in einer Debatte mit dem Leiter der historischen Abteilung einer Universität des Mittleren Westens, und ich sagte, mein Leben habe sich verändert. Er unterbrach mich: »McDowell, Sie wollen uns doch nicht erzählen, dass Gott wirklich Ihr Leben im 20. Jahrhundert verändert hat? Auf welchem Gebiet?«

Nachdem ich 45 Minuten lang die Veränderungen beschrieben hatte, sagte er: »Okay, das ist genug!«

Frieden des Geistes

Ein Gebiet, von dem ich ihm erzählte, war meine Ruhelosigkeit. Ich war ein Mensch, der immer beschäftigt sein musste. Ich musste entweder in der Wohnung meiner Freundin oder auf einer Party sein. Ich ging über den Campus, und mein Geist war ein Wirbelwind von Konflikten. Ich setzte mich hin, um zu studieren oder zu denken, und ich konnte es nicht. Aber einige Monate, nachdem ich die Entscheidung für Christus getroffen hatte, entwickelte sich eine Art Frieden des Geistes. Verstehen Sie mich nicht falsch, ich spreche nicht über die Abwesenheit von Konflikten. Was ich in der Beziehung zu Jesus fand, war nicht so sehr das Fehlen von Konflikten, sondern die Fähigkeit, damit fertigzuwerden. Das würde ich für nichts in der Welt eintauschen.

Kontrolle des Temperaments

Ein anderer Bereich, der sich änderte, war mein Jähzorn. Ich ging gewöhnlich schon in die Luft, wenn jemand mich nur schief ansah. Ich trage immer noch die Narben davon, in meinem ersten Jahr an der Universität beinahe einen Mann getötet zu haben. Mein Temperament war ein so wesentlicher Teil von mir, dass ich nicht bewusst versuchte, es zu ändern.

Eines Tages befand ich mich in einer Krise, jedoch nur um festzustellen, dass mein Jähzorn mich verlassen hatte. Und nur ein einziges Mal in all den Jahren seit meiner Hinwendung zu Christus habe ich die Beherrschung verloren. (Das geschah etwa sechs Jahre nach meiner Bekehrung.)

Ein Mann, den ich hasste

Es gibt noch ein anderes Gebiet, auf das ich nicht stolz bin. Aber ich erwähne es, weil viele Menschen die gleiche Veränderung in ihrem Leben durch eine Beziehung zu dem auferstandenen, lebendigen Christus brauchen. Es ist das Gebiet des Hasses.

Es gab eine Menge Hass in meinem Leben. Es war nichts, was sich äußerlich zeigte, sondern eine Art inneres Knirschen. Ich stieß mich an Menschen, an Dingen, an Sachverhalten. Wie so viele andere Menschen war ich unsicher. Jedes Mal, wenn ich jemand traf, der anders war als ich, wurde er zu einer Bedrohung.

Der eine Mensch, den ich mehr hasste, als irgendjemand sonst auf der Welt, war mein Vater. Ich verachtete ihn. Für mich war er der Stadtsäufer. Wenn Sie aus einer kleinen Stadt kommen und Ihr Vater oder Ihre Mutter dem Alkohol verfallen ist, wissen Sie, wovon ich spreche. Jeder wusste es. Meine Freunde kamen in die Oberschule und machten Witze darüber, dass mein Vater »unterwegs« war. Sie glaubten nicht, dass es mir etwas ausmachte. Nach außen hin lachte ich, aber ich sage Ihnen, innerlich weinte ich. Einmal ging ich in den Stall und sah meine Mutter im Mist hinter den Kühen liegen – so schrecklich geschlagen, dass sie nicht aufstehen konnte.

Wenn wir Freunde zu Besuch hatten, brachte ich meinen Vater hinaus, band ihn im Stall fest und parkte das Auto hinter dem Silo. Wir erzählten unseren Freunden, er sei irgendwohin gefahren. Ich glaube nicht, dass irgendjemand einen Menschen mehr hassen könnte, als ich meinen Vater gehasst habe.

Von Hass zu Liebe

Vielleicht fünf Monate, nachdem ich meine Entscheidung für Christus getroffen hatte, trat die Liebe Gottes durch Jesus Christus in mein Leben. Sie nahm meinen Hass und kehrte ihn um. Sie war so stark, dass ich meinem Vater gerade in die Augen sehen und sagen konnte: »Vater, ich liebe dich.« Und ich meinte es wirklich so. Nach dem, was ich schon alles getan hatte, rüttelte ihn das auf.

Als ich zu einer privaten Universität überwechselte, wurde ich in einen schweren Autounfall verwickelt. Den Hals im Streckverband, wurde ich nach Hause gebracht. Ich werde nie vergessen, wie mein Vater in das Zimmer kam und fragte: »Junge, wie kannst du einen Vater wie mich lieben?« Ich sagte: »Vater, vor sechs Monaten habe ich dich noch verachtet.« Dann teilte ich ihm mit, was ich durch Jesus Christus gefunden hatte.

»Ich ließ Christus in mein Leben treten«, sagte ich. »Ich kann es nicht vollkommen erklären. Aber als Ergebnis dieser Beziehung habe ich die Fähigkeit gefunden, nicht nur dich, sondern auch andere Menschen zu lieben und zu akzeptieren, wie sie sind.« 45 Minuten später erlebte ich eine der größten Freuden meines Lebens. Jemand aus meiner Familie, jemand, der mich so gut kannte, dass ich ihm nichts vormachen konnte, sagte zu mir: »Mein Sohn, wenn Gott für mein Leben tun kann, was ich ihn habe für dein Leben tun sehen, dann will ich ihm die Gelegenheit dazu geben.« Auf der Stelle betete mein Vater mit mir und vertraute Christus sein Leben an.

Gewöhnlich finden Veränderungen über mehrere Tage, Wochen oder Monate, selbst über ein Jahr hinweg statt. Mein Leben veränderte sich in ungefähr sechs Monaten bis 1½ Jahren. Das Leben meines Vaters wurde vor meinen Augen verändert. Es war, als ob jemand die Hand ausstreckte und eine Glühbirne einschaltete. Ich habe niemals vorher oder nachher eine so schnelle Veränderung gesehen. Mein Vater hat danach nur noch ein einziges Mal Whisky angerührt. Er führte ihn bis zu den Lippen, und das war's.

Es funktioniert

Ich bin zu einer Erkenntnis gekommen. Eine Beziehung zu Jesus Christus verändert das Leben. Sie können über das Christentum lachen. Sie können es verspotten und lächerlich machen. Aber es funktioniert. Es verändert das Leben. Wenn Sie auf Christus vertrauen, beobachten Sie Ihre Haltungen und Handlungen, denn Jesus Christus ist dabei, Ihr Leben zu verändern.

Sie haben die Wahl

Aber das Christentum ist keine Sache, die man erzwingen oder jemand einrammen kann. Sie müssen Ihr Leben leben und ich meines. Alles, was ich tun kann, ist Ihnen zu berichten, was ich gelernt habe. Alles, was darüber hinausgeht, ist Ihre Entscheidung. Meine Frau drückt es so aus: »Weil Christus von den Toten auferstanden ist, lebt er. Er hat die unendliche Fähigkeit, in das Leben eines Mannes oder einer Frau einzutreten, zu vergeben und das Innere nach außen zu kehren.« Der Schlüssel dazu ist die Auferstehung. Er ist auferstanden!

Es ist eine persönliche Sache

Ich habe mitgeteilt, wie ich persönlich auf die Behauptungen Christi reagiert habe. Auch Sie müssen sich die logische Frage stellen: »Was bedeuten all diese Zeugnisse für mich? Welchen Unterschied macht es, ob ich glaube oder nicht glaube, dass Christus auferstanden ist?« Die beste Antwort darauf liegt in dem, was Jesus zu Thomas sagte: »Ich bin der Weg und die Wahrheit und das Leben. Niemand kommt zum Vater als nur durch mich.«

Auf der Grundlage all der Zeugnisse für die Auferstehung Christi und in Anbetracht der Tatsache, dass

Jesus die Vergebung der Sünden und eine ewige Verbindung zu Gott anbietet – wer könnte so tollkühn sein, ihn zurückzuweisen? Christus lebt! Er lebt heute! Sie können Gott vertrauen, in diesem Augenblick, durch Glauben im Gebet. Gebet heißt Gespräch mit Gott. Gott kennt Ihr Herz und achtet weniger auf Ihre Worte als auf die Haltung Ihres Herzens. Wenn Sie niemals auf Christus vertraut haben, können Sie es in diesem Augenblick tun.

Das Gebet, das ich sprach, lautete etwa so: »Herr Jesus, ich brauche dich. Danke, dass du für meine Sünden am Kreuz gestorben bist. Ich öffne die Tür meines Lebens und vertraue auf dich als meinen Erlöser und Herrn. Danke, dass du mir die Sünden vergeben und ewiges Leben geschenkt hast. Mache mich zu einem Menschen, wie du ihn dir wünschst. Danke, dass ich auf dich vertrauen kann.«

Zusammenfassung

Als die Beweise mich zu der Schlussfolgerung zwangen, dass Jesus Christus von den Toten auferstanden ist und gemäß seinen Behauptungen der Sohn Gottes sein musste, stieß ich auf ein persönliches Problem. Mein Verstand war überzeugt, aber mein Wille zog mich in eine andere Richtung.

Am 19. Dezember 1959 setzte ich alles auf eine Karte, indem ich Jesus Christus als Herrn akzeptierte und ihn bat, in mein Leben einzutreten und darin die Führung zu übernehmen. Das Ergebnis war nicht unmittelbar dramatisch, aber in den nächsten sechs bis acht Monaten veränderte sich mein Leben.

Der Friede des Geistes trat an die Stelle meiner Ruhelosigkeit. Mit der Hilfe meines Herrn bekam ich meinen Jähzorn unter Kontrolle, sodass dieser schließlich verschwand. Mein tiefer Hass auf meinen Vater, den Stadtsäufer, verwandelte sich in Liebe. Und diese Liebe veränderte ihn, da auch er betete und sein Leben Christus anvertraute.

Dieselbe Macht, die Jesus Christus von den Toten auferstehen ließ, verwandelt Menschen auch heute noch. Er kann auch Ihr Leben verändern, wenn Sie aufrichtig darum bitten. »Herr Jesus, ich brauche dich. Danke, dass du für mich am Kreuz gestorben bist. Vergib mir bitte und reinige mich. Von diesem Augenblick an vertraue ich auf dich als meinen Erlöser und Herrn. Mache mich zu dem Menschen, zu dem du mich geschaffen hast. Amen.«

Gott persönlich kennenlernen

Zu einem Leben in Gemeinschaft mit Gott gibt es nur einen Weg. Aber jeder Mensch wird auf diesem Weg anders geführt. Dabei haben sich die vier Schritte, die im Folgenden geschildert werden, als eine hilfreiche Leitlinie erwiesen.

1. Gott liebt Sie und hat Sie geschaffen, damit Sie eine persönliche Beziehung zu ihm haben können.

Gott liebt Sie

»Denn so hat Gott die Welt geliebt, dass er seinen eingeborenen Sohn gab, damit jeder, der an ihn glaubt, nicht verlorengehe, sondern ewiges Leben habe.«

Johannes 3,16

Gott möchte, dass Sie ihn kennenlernen

Jesus sagte: »Ich bin gekommen, damit sie Leben haben und es in Überfluss haben.« *Johannes 10,10*

»Dies aber ist das ewige Leben, dass sie dich, den allein wahren Gott, und den du gesandt hast, Jesus Christus, erkennen.« *Johannes 17,3*

Aber warum erfahren viele Menschen Gottes Liebe nicht?

2. Die Gemeinschaft mit Gott ist durch die Sünde des Menschen zerstört. Deshalb kann er Gottes Liebe nicht erfahren.

Was ist Sünde?

Der Mensch ist geschaffen, um in einer persönlichen Beziehung mit Gott zu leben. Er meint aber, sein Leben ohne Gott meistern zu können. Er lehnt sich gegen Gott auf oder ist ihm gegenüber gleichgültig. Diese Haltung nennt die Bibel *Sünde*. Verdeckte und offensichtliche Verfehlungen im menschlichen Bereich haben ihre Wurzel im zerstörten Verhältnis zu Gott.

Wer hat gesündigt?

»Alle haben gesündigt und erreichen nicht die Herrlichkeit Gottes.« *Römer 3,23*

Was sind die Folgen der Sünde?

»Eure Ungerechtigkeiten haben eine Scheidung gemacht zwischen euch und eurem Gott.« *Jesaja 59,2*

Wer aber von Gott geschieden ist, der ist geistlich tot und geht verloren.

»Und euch, als ihr tot wart in den Vergehungen …« *Kolosser 2,13*

»… auch euch, die ihr tot wart in euren Vergehungen und Sünden …« *Epheser 2,1*

Gott ist heilig. Der Mensch ist sündig. Zwischen beiden besteht eine tiefe Kluft. Der Mensch versucht durch eigene Bemühungen, durch gutes Leben, Philosophie, Religiosität oder Mitmenschlichkeit diese Kluft zu überbrücken. Doch alle Anstrengungen sind vergeblich, weil sie das Kernproblem der Sünde nicht lösen können.

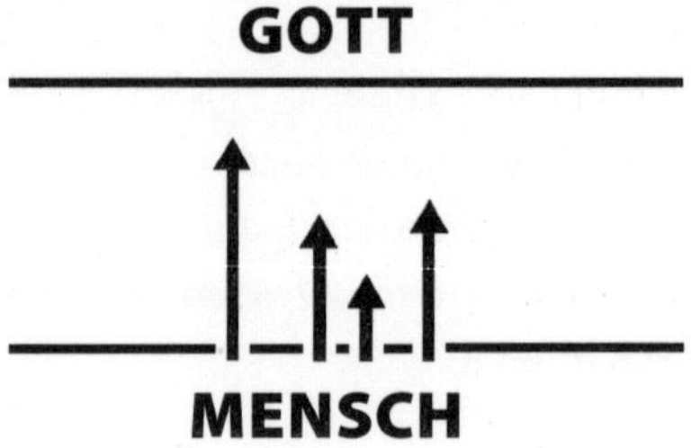

Der dritte Punkt zeigt uns den wahren Ausweg:

3. Jesus Christus ist Gottes Weg aus der Sünde. Allein durch ihn kann der Mensch eine persönliche Beziehung zu Gott finden.

Jesus Christus ist für uns Mensch geworden

Schon die alttestamentlichen Propheten kündigten einen Retter an.

> »Denn ein Kind ist uns geboren, ein Sohn uns gegeben, und die Herrschaft ruht auf seiner Schulter …«
>
> *Jesaja 9,5*

»Und du, Bethlehem-Ephrata … aus dir wird mir hervorkommen, der Herrscher über Israel sein soll …«

Micha 5,1

Jesus ist dieser von Gott versprochene Retter. Er wurde Mensch, lebte auf dieser Erde und verkündigte durch sein Reden und Handeln die Herrschaft Gottes.

»[Er machte] sich selbst zu nichts … und [nahm] Knechtsgestalt an …« *Philipper 2,7*

Jesus sagte: »Die Zeit ist erfüllt, und das Reich Gottes ist nahe gekommen …« *Markus 1,15*

Er lebte ohne Sünde, d.h. in einer ununterbrochenen Beziehung zum Vater.

»Denn wir haben … einen Hohenpriester … der in allem versucht worden ist in gleicher Weise wie wir, ausgenommen die Sünde.« *Hebräer 4,15*

»Denn ein solcher Hoherpriester geziemte sich auch für uns: heilig, sündlos, unbefleckt …«

Hebräer 7,26 (RELB)

Jesus sagte: »Ich und der Vater sind eins.«

Johannes 10,30

Jesus Christus starb stellvertretend für uns

Er starb, um die Trennung zwischen Gott und den Menschen zu beseitigen.

> »Denn es hat ja Christus einmal für Sünden gelitten, der Gerechte für die Ungerechten, damit er uns zu Gott führe.« *1. Petrus 3,18*

> »Gott aber erweist seine Liebe zu uns darin, dass Christus, da wir noch Sünder waren, für uns gestorben ist.« *Römer 5,8*

Jesus ist von den Toten auferstanden

> »Diesen Jesus hat Gott auferweckt, wovon wir alle Zeugen sind.« *Apostelgeschichte 2,32*

Seine Auferstehung bestätigt …

- dass er Gottes Sohn ist.

> »… erwiesen … als Sohn Gottes in Kraft dem Geist der Heiligkeit nach durch Toten-Auferstehung …« *Römer 1,4*

- dass Gott bereit ist, uns zu vergeben.

> »… Der aber, den Gott auferweckt hat, sah die Verwesung nicht … Durch diesen [wird] euch Vergebung der Sünden verkündigt …« *Apostelgeschichte 13,34-39*

- dass wir seine Gegenwart und Hilfe heute erfahren können.

Jesus sagte: »Ich werde euch nicht verwaist zurücklassen, ich komme zu euch … Weil ich lebe, werdet auch ihr leben.« *Johannes 14,18-19*

Jesus ist der einzige Weg

Er sagte: »Ich bin der Weg und die Wahrheit und das Leben. Niemand kommt zum Vater als nur durch mich.« *Johannes 14,6*

Gott hat durch sein Handeln die Kluft überbrückt, die uns von ihm trennt. Er sandte seinen Sohn Jesus Christus, damit dieser für uns sein Leben hingab. Aufgrund dieses Geschehnisses können wir jetzt Vergebung für unsere Sünden und einen echten Neuanfang erfahren.

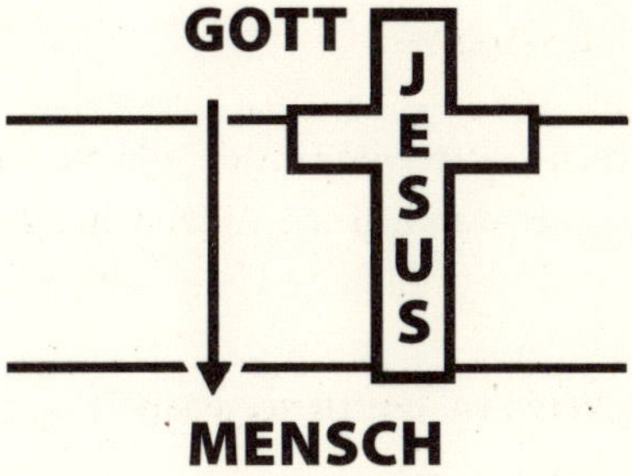

Diese drei Punkte nur zu kennen, genügt nicht …

4. Wir können Gemeinschaft mit Gott finden, wenn wir Jesus Christus als unseren Herrn und Erlöser annehmen.

Diese Gemeinschaft ist Gottes Geschenk und wird erlebt, wenn wir Jesus unser Vertrauen schenken.

> »So viele ihn aber aufnahmen, denen gab er das Recht, Kinder Gottes zu werden, denen, die an seinen Namen glauben.« *Johannes 1,12*

Dazu gehört:

- dass wir Gott unsere Schuld eingestehen,
- dass wir Gottes Vergebung vertrauensvoll annehmen,
- dass wir Gott die Führung unseres Lebens übergeben.

> Jesus spricht: »Siehe, ich stehe an der Tür und klopfe an; wenn jemand meine Stimme hört und die Tür öffnet, zu dem werde ich hineingehen.«
>
> *Offenbarung 3,20*

Es genügt nicht, diesen Aussagen nur gedanklich oder gefühlsmäßig zuzustimmen. Eine bewusste Willensentscheidung ist notwendig, wie die folgende Zeichnung deutlich macht.

Hier werden zwei Lebenseinstellungen gezeigt:

Das Ich im Mittelpunkt des Lebens

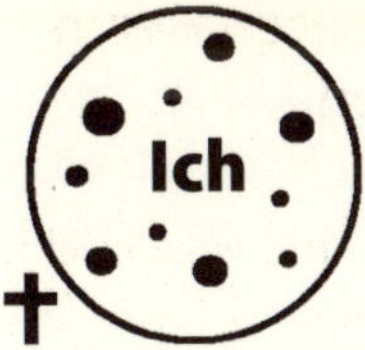

Dieser Mensch bestimmt sein Leben selbst, auch wenn er sich vielleicht als Christ bezeichnet. Christus ist am Rande oder außerhalb seines Lebens. Die einzelnen Punkte stellen verschiedene Bereiche seines Lebens dar wie Freundschaften, Beruf, Freizeit und Geld. Diese Bereiche werden vom »Ich« beherrscht – eine Tatsache, die oft zu Unzufriedenheit, Enttäuschung und Sinnlosigkeit führt.

Jesus Christus im Mittelpunkt des Lebens

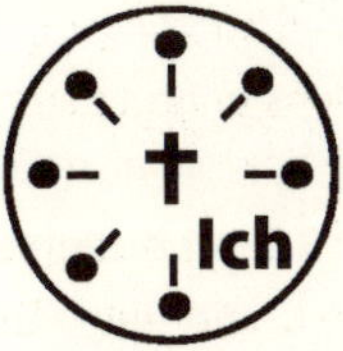

Bei diesem Menschen bestimmt Christus sein Leben, weil er im Vertrauen Gottes Vergebung angenommen hat und Christus jeden Bereich seines Lebens unterstellt. In dieser engen Beziehung erfährt er zunehmend ein sinnerfülltes Leben.

Welche Lebenseinstellung trifft am ehesten auf Sie zu?

Im Folgenden wird erklärt, wie ein Leben mit Jesus Christus im Mittelpunkt beginnen kann:

Sie können jetzt Ihr Leben Jesus Christus bewusst anvertrauen. Gott kennt Sie. Ihm kommt es nicht auf gut formulierte Worte an, sondern auf Ihre ehrliche Einstellung.

Folgendes Gebet ist eine Möglichkeit, Ihr Vertrauen zu Gott auszudrücken:

»Vater im Himmel, mir ist klar geworden, dass ich mein Leben selbst bestimmt habe und von dir getrennt bin. Vergib mir bitte meine Schuld. Danke, dass du meine Sünden vergeben hast, weil Christus für mich gestorben und mein Erlöser geworden ist. Herr Jesus, übernimm bitte die Herrschaft in meinem Leben und verändere mich so, wie du mich haben willst. Danke, dass du mein Gebet beantwortest und mein Leben führen und gestalten wirst.«

Entspricht dieses Gebet Ihrem Verlangen?

Wenn ja, dann können Sie es jetzt zu Ihrem eigenen Gebet machen, und Jesus wird so, wie er es versprochen hat, in Ihr Leben kommen. Jesus ermutigt uns:

> »Bittet, und es wird euch gegeben werden; sucht, und ihr werdet finden; klopft an, und es wird euch aufgetan werden.« *Matthäus 7,7*

Möchten Sie dies jetzt tun?

Was geschieht, wenn Sie Ihr Leben Jesus Christus anvertrauen?

- Jesus Christus wird Herr über Ihr Leben.

> »… mein Herr und mein Gott!« *Johannes 20,28*

- Er vergibt Ihnen Ihre Sünden.

  »… in dem wir die Erlösung haben, die Vergebung der Sünden.« *Kolosser 1,14*

- Er schenkt Ihnen Geborgenheit, Freude und Hoffnung.

  »Denn das Reich Gottes ist … Gerechtigkeit und Friede und Freude im Heiligen Geist.« *Römer 14,17*

- Sie werden ein Kind Gottes und dürfen zu Gott »Vater« sagen.

  »Unser Vater, der du bist in den Himmeln …« *Matthäus 6,9*

  »… ein Geist der Sohnschaft … in dem wir rufen: Abba, Vater!« *Römer 8,15*

- Sie beginnen, an dem sinnerfüllten Leben, für das Gott Sie geschaffen hat, teilzuhaben.

  Jesus sagte: »Ich bin gekommen, damit sie Leben haben und es in Überfluss haben.« *Johannes 10,10*

- Sie erfahren die Kraft des Heiligen Geistes.

  »… und ihr werdet die Gabe des Heiligen Geistes empfangen.« *Apostelgeschichte 2,38*

Neues Leben aus der Kraft des Heiligen Geistes

Der Heilige Geist ist heute am Wirken. Er befähigt uns, an Christus zu glauben, und schenkt uns neues Leben. Das Leben des Christen ist ein Leben aus der Kraft des Heiligen Geistes. Er hilft uns, die Bibel zu verstehen und zu beten. Er schenkt uns Liebe zu Gott und den Mitmenschen.

Gewissheit des ewigen Lebens in Gemeinschaft mit Gott

> »Und dies ist das Zeugnis: dass Gott uns ewiges Leben gegeben hat, und dieses Leben ist in seinem Sohn. Wer den Sohn hat, hat das Leben; wer den Sohn Gottes nicht hat, hat das Leben nicht. Dies habe ich euch geschrieben, damit ihr wisst, dass ihr ewiges Leben habt, die ihr glaubt an den Namen des Sohnes Gottes.«
>
> *1. Johannes 5,11-13*

Praktische Hinweise für ein Leben mit Christus

Das christliche Leben ist ein Wachstumsprozess. Ihre Beziehung zu Christus vertieft sich, wenn Sie ihm in den Einzelheiten Ihres Lebens immer vertrauen lernen. Dazu einige Ratschläge:

- Machen Sie Ihren Glauben nicht abhängig von Ihrem Temperament, Ihren Gefühlen und wechselvollen Erfahrungen, sondern setzen Sie Ihr Vertrauen auf die Glaubwürdigkeit Gottes und die Zusagen in seinem Wort, der Bibel.

- Lesen Sie täglich einen Abschnitt aus der Bibel. Beginnen Sie z.B. mit dem Johannes-Evangelium. Nehmen Sie dazu eine Bibellesehilfe zur Hand.
- Beginnen und schließen Sie den Tag mit einem Gebet. Bleiben Sie im Gespräch mit Gott. Jede Freundschaft will gepflegt werden, auch die Gemeinschaft mit Gott.
- Versuchen Sie nicht, das christliche Leben aus eigener Kraft zu führen, sondern leben Sie fröhlich und zuversichtlich aus der Kraft des Heiligen Geistes. Nehmen Sie täglich die Vergebung in Anspruch, die Ihnen in Jesus Christus zugesprochen ist.
- Christsein ist keine Privatsache. Suchen und pflegen Sie den Kontakt mit anderen Christen.
- Behalten Sie Ihren Glauben nicht für sich, sondern lassen Sie andere Menschen an Ihrem neu gefundenen Leben mit Christus teilhaben.
- Setzen Sie die Gaben, die Gott Ihnen gegeben hat, für das Wohl anderer Menschen ein. Denn Glaube und Liebe sind eine Einheit.

Die Bedeutung der christlichen Gemeinde

Die Bibel bezeichnet die christliche Gemeinde als Leib Christi. Die einzelnen Gläubigen sind die Glieder dieses Leibes, sein Haupt ist Christus. Die Glieder sind verschiedenartig und ergänzen sich gegenseitig. Jeder Christ braucht die Ergänzung durch den anderen. Schließen Sie sich deshalb einer christlichen Gemeinde an. Nehmen Sie aktiv am Gottesdienst und am Gemeindeleben teil.

Abkürzungen

a. a. O.	am angeführten Ort
A. d. H.	Anmerkung des Herausgebers
Elb 2003	*Elberfelder Übersetzung,* Hückeswagen: CSV, 2003, 3. Aufl. 2009.
n. p.	»no publisher«: Der Verlagsname fehlt in den bibliografischen Angaben.
RELB	*Elberfelder Übersetzung, revidierte Fassung,* Wuppertal: R. Brockhaus Verlag, 8. Aufl. 2001.
svw.	so viel wie

Quellenverzeichnis und Anmerkungen

1 A. d. H.: Dies war ein aus dem Deutschen übersetztes Werk, dessen Original mit dem Titel *Römische Geschichte* auf Barthold Georg Niebuhr zurückging.

2 Thomas Arnold, *Sermons on the Christian Life – Its Hopes, Its Fears, and Its Close*, S. 324.

3 Brooke F. Westcott, *The Gospel of the Resurrection*, London: n. p., 1879, 4. Auflage, S. 4-6.

4 Paul L. Maier, *Independent Press-Telegram*, Long Beach, CA, 21. April 1973, S. A-10.

5 Linton H. Irwin, *A Lawyer Examines the Bible*, Grand Rapids, MI: Baker Book House, 1943, S. 14.

6 Svw. *Eine Abhandlung über das Gesetz der Beweisführung.*

7 Svw. *Eine Untersuchung der Zeugnisse der vier Evangelisten nach den Beweisregeln, wie sie vor Gericht gehandhabt werden.*

8 Wilbur Smith, *Therefore Stand*, Grand Rapids, MI: Baker Book House, 1965, S. 425, 584.

9 Val Grieve, *Verdict on the Empty Tomb*, London: Church Pastoral Aid Society, 1976, S. 26.

10 Deutsche Fassung: Frank Morison, *Wer wälzte den Stein?*, Hamburg: Wegner, 1950.

11 C. S. Lewis, *Überrascht von Freude*, ABCTeam/Brockhaus, 2. Auflage 1982.

12 Matthäus 20,18-19; vgl. Markus 10,33-34; Lukas 18,31-33.

13 Markus 8,31.

14 Johannes 2,19-20.

15 1. Korinther 15,13-17.

16 J. N. D. Anderson, *Christianity: The Witness of History*, copyright Tyndale Press 1970, Downer's Grove, IL: InterVarsity Press, S. 13.

17 Römer 1,4.

18 James Edward Lesslie Newbigin, *The Finalty of Christ*, Richmond: John Knox Press, 1969, S. 62.

19 Johannes 8,32.

20 Matthäus 22,36-38.

21 1. Petrus 3,15.

22 Deutsche Fassung: *Die Bibel im Test. Tatsachen und Argumente für die Wahrheit der Bibel*, Bielefeld: CLV, 9. Auflage 2002. Auf dieses Werk wird auch in den weiteren Ausführungen Bezug genommen.

23 Lawrence Burkholder, »A Dialogue on Christ's Resurrection«, *Christianity Today*, Band 12, 12. April 1968, S. 6.

24 Ebd.

25 Ebd., S. 7.

26 Clark Pinnock, »The Tombstone That Trembled«, *Christianity Today*, Band 12, 12. April 1968, S. 8.

27 Ebd., S. 10.

28 John Warwick Montgomery, *Weltgeschichte wohin?*, Neuhausen-Stuttgart: Hänssler-Verlag, 1977.

29 William Neil, *The Rediscovery of the Bible*, S. 33.

30 Vincent Taylor, *The Formation of the Gospel Tradition*, London: Macmillan and Co., 1935, 2. Auflage, S. 135.

31 2. Petrus 1,16.

32 1. Timotheus 1,4.

33 Johannes 9,32.

34 Apostelgeschichte 17,16-34.

35 Johannes 20,25.

36 Johannes 20,27.

37 Johannes 20,28.

38 *The New Encyclopedia Britannica*, Band 8, Micropaedia, 22. Auflage, Chicago: H. Hemingway Publ., 1981, S. 985.

39 James B. Conant, *Science and Common Sense*, New Haven: Yale University Press, 1951, S. 25.

40 Svw. *Basiswörterbuch der Wissenschaft.*

41 *The Basic Dictionary of Science*, New York: Macmillan and Co., 1965, S. 404.

42 Svw. *Harper-Enzyklopädie der Wissenschaft.*

43 *The Harper Encyclopedia of Science*, James R. Newman (Hrsg.), New York: Harper & Row, 1967, S. 1048.
44 Apostelgeschichte 1,3.
45 Wolfhart Pannenberg, »A Dialogue on Christ's Resurrection«, *Christianity Today*, Band 12, 12. April 1968, S. 10.
46 Ronald Sider, »A Case for Easter«, *HIS Magazine*, April 1972, S. 27-31.
47 Ethelbert Stauffer, *Jesus and His Story*, übers. von Dorothea M. Barton, New York: Knopf, 1960, S. 17.
48 Philip Schaff, *History of the Christian Church*, Band 1, New York: Charles Scribner's Sons, 1882, S. 175.
49 F.F. Bruce, *The New Testament Documents: Are They Reliable?*, Downer's Grove: InterVarsity Press, 1960, 5. Auflage, S. 119 (deutsche Fassung: *Sind die neutestamentlichen Dokumente zuverlässig?*, Wuppertal: R. Brockhaus Verlag, 1953).
50 *Federal Rules of Evidence*, St. Paul, West Publishing Co., 1979, Regel 901 (b) (8). Siehe auch *McCormick's Handbook of the Law of Evidence*, Edward W. Cleary (Hrsg.), St. Paul, West Publishing Co., 1972, S. 560.
51 John Warwick Montgomery, »Legal Reasoning and Christian Apologetics«, *The Law Above the Law*, Oak Park, IL: Christian Legal Society, 1975, S. 88, 89.
52 William F. Albright, *Recent Discoveries in Biblical Lands*, New York: Funk & Wagnalls, 1955, S. 136.
53 A. d. H.: Auch wenn dies ein ziemlich radikaler Ansatz ist, liegt eine solche Datierung dem tatsächlichen Zeitpunkt der Abfassung dieses Evangeliums wesentlich näher als diejenigen Hypothesen, die von einer Niederschrift im späten 2. Jahrhundert ausgehen.
54 John A. T. Robinson, *Time*, 21. März 1977, S. 95.
55 Frederic G. Kenyon, *The Bible and Archaeology*, New York: Harper & Row, 1940, S. 288.
56 F.F. Bruce, *The New Testament Documents: Are They Reliable?*, a. a. O., S. 15.
57 Ebd.
58 Paul L. Maier, *First Easter*, New York: Harper & Row, 1973, S. 122.

59 William F. Albright, *From the Stone Age to Christianity*, Baltimore: Johns Hopkins Press, 1946, 2. Auflage, S. 297, 298.
60 Millar Burrows, *What Mean These Stones?*, New York: Meridian Books, 1956, S. 52.
61 Ebd., S. 2.
62 Howard Vos, *Can I Trust My Bible?*, Chicago: Moody Press, 1963, S. 176.
63 Louis Gottschalk, *Understanding History*, New York: Knopf, 1969, 2. Auflage, S. 150, 161, 168.
64 2. Petrus 1,16.
65 Apostelgeschichte 1,3.
66 Lukas 1,1-3.
67 Elizabeth F. Loftus, »The Eyewitness on Trial«, Trials, Band 16, Nr. 10, Okt. 1980, S. 30-35. Siehe auch R. Buckhout, »Eyewitness Testimony«, *Scientific American*, Dez. 1974, S. 23-31.
68 Ebd.
69 Svw. *Handbuch für Beweisrecht* (Verfasser: C. T. McCormick).
70 *McCormick's Handbook of the Law of Evidence*, Edward W. Cleary (Hrsg.), St. Paul: West Publishing Co., 1972, S. 586, 587.
71 *Federal Rules of Evidence*, Regel 801 und 802.
72 John Warwick Montgomery, »Legal Reasoning and Christian Apologetics«, a. a. O., S. 88, 89. (A. d. H.: Im letzten Teil seines Zitats nimmt J. W. Montgomery auf 1. Johannes 1,1 Bezug.)
73 Matthäus 28,1 (A. d. H.: vgl. den gesamten Abschnitt in 28,1-7).
74 Matthäus 28,9-10.
75 Matthäus 28,16-20.
76 Lukas 24,24.
77 Johannes 20,24-29.
78 *Federal Rules of Evidence*, Regel 803 (5).
79 Apostelgeschichte 2,22 (A. d. H.: Hervorhebung hinzugefügt).
80 *McCormick's Handbook of the Law of Evidence*, a. a. O., S. 43.

81 Svw. »Staat gegen Morris«.

82 Richter Ruffin, in: »State vs. Morris«, 84, N. C. 764.

83 John Warwick Montgomery, »Legal Reasoning and Christian Apologetics«, a. a. O., S. 88, 89.

84 F. F. Bruce, *The New Testament Documents: Are They Reliable?*, a. a. O., S. 44-46.

85 Louis Gottschalk, *Understanding History*, a. a. O., S. 151.

86 Vgl. Apostelgeschichte 1,1.

87 Stan Gundry, *An Investigation of the Fundamental Assumption of Form Criticism*, Talbot Theological Seminary, Juni 1963, S. 43.

88 Louis Gottschalk, *Understanding History*, a. a. O., S. 168.

89 Ebd.

90 William M. Ramsay, *The Bearing of Recent Discovery on the Trustworthiness of the New Testament*, London: Hodder & Stoughton, 1915, S. 222.

91 William M. Ramsay, *St. Paul the Traveller and the Roman Citizen*, Grand Rapids, MI: Baker Book House, 1962.

92 Apostelgeschichte 18,12 (A. d. H.: Die Elb 2003 verwendet hier die Namensform »Gallion«.)

93 Apostelgeschichte 28,7.

94 Apostelgeschichte 17,6.

95 Apostelgeschichte 14,6.

96 Lukas 3,1.

97 E. M. Blaiklock, *The Acts of the Apostles*, Grand Rapids, MI: Wm. B. Eerdmans Publ. Co., 1959, S. 89.

98 F. F. Bruce, »Archaeological Confirmation of the New Testament«, in: *Revelation and the Bible*, Carl Henry (Hrsg.), Grand Rapids, MI: Baker Book House, 1969, S. 331.

99 F. F. Bruce, *The New Testament Documents: Are They Reliable?*, a. a. O., S. 90.

100 Philo, *Legatio ad Gaium*, 38.

101 Johannes 18,13.

102 Matthäus 26,57.

103 Matthäus 26,59.

104 Matthäus 27,2.

105 Lukas 23,7.

106 Lukas 23,11-25.

107 Matthäus 27,11.

108 Haim Cohn, »Reflections on the Trial«, *Judaism*, Band 20, 1971, S. 11; vgl. auch: Joseph Blinzler, *The Trial of Jesus* (deutsche Fassung: Der Prozess Jesu, Regensburg: Pustet, 1960, 3. Auflage).

109 Justin, *Digest* 48, 4.1; 48, 4.11.

110 Haim Cohn, »Reflections on the Trial«, a. a. O., S. 11.

111 Svw. »Der Prozess gegen Jesus im Licht der Geschichte«.

112 Robert M. Grant, »The Trial of Jesus in the Light of History«, *Judaism*, Band 20, 1971, S. 39.

113 Solomon Zeitlin, »The Crucifixion of Jesus Reexamined«, »Jewish Quarterly Review«, Band 31, 1940/41, S. 366.

114 Ebd.

115 David Flusser, »A Literary Approach to the Trial of Jesus«, *Judaism*, Band 20, 1971, S. 30.

116 Ebd.

117 Paul L. Maier, *First Easter*, a. a. O., S. 24.

118 Solomon Zeitlin, »The Crucifixion of Jesus Reexamined«, a. a. O., S. 335.

119 Ebd.

120 Matthäus 27,26 (A. d. H.: Dieser Vers beschreibt das Ende des zweiten Prozesses vor Pilatus. In Bezug auf alle sechs Prozesse vgl. die Bibelstellenangaben in den Endnoten 101-106.)

121 Cicero, *In Verrem* (A. d. H.: svw. *Reden gegen Verres* [unter diesem Titel auch im Deutschen erschienen]), 64.

122 Will Durant, *Caesar and Christ*, New York: Simon & Schuster, 1944, S. 572.

123 Flavius Josephus, *De Bello Judaico*, 7. 202, 203 (deutsche Fassung: *Geschichte des jüdischen Krieges*, übers. von Heinrich Clementz, Wiesbaden: Fourier Verlag, 1984).

124 Lukas 23,2.

125 Ernst Bammel, »Crucifixion as a Punishment in Palestine«, *The Trial of Jesus*, Naperville, IL: Alex R. Allenson, Inc., 1920, S. 162.

126 5. Mose 21,23.

127 C. Truman Davis, »The Crucifixion of Jesus«, *Arizona Medicine*, März 1965, S. 185.

128 Eusebius, »The Epistle to the Church in Smyrna«, in: *Trials and Crucifixion of Christ*, A.P. Stout (Hrsg.), Cincinatti: Standard Publishing, 1866.

129 Will Durant, *Caesar and Christ*, a.a.O., S. 572.

130 Pierre Barbet, *A Doctor at Calvary*, New York: P.S. Kennedy & Sons, 1953, S. 44.

131 Svw. »Der Gebrauch von Nägeln bei der Kreuzigung«.

132 J.W. Hewitt, »The Use of Nails in the Crucifixion«, »Harvard Theological Review«, Band 25, 1932, S. 29-45.

133 N. Haas, »Anthropological Observations on the Skeletal Remains from Giv'at ha-Mivtar«, *Israel Exploration Journal*, Band 20, 1970, S. 39.

134 Ebd., S. 42.

135 Johannes 19,32-33.

136 N. Haas, a.a.O., S. 58.

137 C. Truman Davis, »The Crucifixion of Jesus«, *Arizona Medicine*, März 1965, S. 186.

138 Ebd., S. 185, 186.

139 Stuart Bergsma, »Did Jesus Die of a Broken Heart?«, *The Calvin Forum*, März 1948, S. 165.

140 Ebd.

141 Ebd.

142 Johannes 19,19.

143 Will Durant, *Caesar and Christ*, a.a.O., S. 572.

144 Ebd., S. 573.

145 Paul L. Maier, *First Easter*, a.a.O., S. 112.

146 V. Tzaferis, »Jewish Tombs at and Near Giv'at ha-Mivtar, Jerusalem«, *Israel Exploration Journal*, Band 20, 1970, S. 30.

147 Robert Willis, »Architectural History of the Holy Sepulchre«, in: *Holy City*, George Williams (Hrsg.), London: John W. Parker Publ., Band II, 1849.

148 Sedar Nezikin, »Sanhedrin 46a«, *The Babylonian Talmud*, London: The Sancino Press, 1935, S. 304.

149 M. Shabbath 23.5.

150 A. P. Bender, »Beliefs, Rites, and Customs of the Jews, Connected With Death, Burial, and Mourning«, »The Jewish Quarterly Review«, Band 7, 1895, S. 259, 260.
151 Flavius Josephus, *Jüdische Altertümer*, übers. von Heinrich Clementz, Wiesbaden: Fourier Verlag, 1985, 17. Buch, 8. Kapitel.
152 A. P. Bender, »Beliefs, Rites, and Customs of the Jews, Connected With Death, Burial, and Mourning«, »The Jewish Quarterly Review«, a. a. O., S. 261.
153 Ebd.
154 Johannes Chrysostomus, *Homilies of St. John*, Grand Rapids, MI: Wm. B. Eerdmans, 1969, S. 321.
155 Matthäus 27,60.
156 Markus 16,4.
157 A. d. H.: Hervorhebung hinzugefügt.
158 Matthäus 27,63-64.
159 Matthäus 27,65.
160 Matthäus 27,66.
161 A. d. H.: Diese Ansicht scheint durch die hier benutzte Bibelübersetzung angedeutet zu werden. Allerdings vermerkt auch die Fußnote der Elb 2003 die andere Lesart (»ihr sollt eine Wache haben«). Dies wird durch viele andere Bibelübersetzungen bestätigt.
162 Svw. *Wörterbuch der griechischen und römischen Altertümer.*
163 Paul L. Maier, *First Easter*, a. a. O., S. 111.
164 Matthäus 28,11.
165 T. G. Tucker, *Life in the Roman World of Nero and St. Paul*, London: Macmillan and Co., Ltd., St. Martin's Street, 1910, S. 340-342.
166 Polybios, *Historien*, VI, 37, 38.
167 T. G. Tucker, *Life in the Roman World of Nero and St. Paul*, a. a. O., S. 342.
168 Matthäus 27,66.
169 Daniel 6,18.
170 Paul L. Maier, *First Easter*, a. a. O., S. 119.
171 Ebd., S. 118, 119.

172 Paul L. Maier, »The Empty Tomb as History«, *Christianity Today*, Band 19, 28. März 1975, S. 5.
173 Ebd.
174 Matthäus 28,11-15.
175 Apostelgeschichte 5,34-42.
176 Ronald Sider, »A Case for Easter«, a. a. O., S. 29.
177 In einem Gespräch mit dem Autor, Januar 1981.
178 Paul L. Maier, »The Empty Tomb as History«, *Christianity Today*, a. a. O., S. 6.
179 George Currie, *The Military Discipline of the Romans from the Founding of the City to the Close of the Republic*, Graduate Council of Indiana Univ., 1928, S. 41-43.
180 Bill White, *A Thing Incredible*, 1944, Israel, Yanetz Ltd., 1976.
181 1. Korinther 15.
182 Edwin Yamauchi, »Easter – Myth, Hallucination, or History?«, *Christianity Today*, 29. März 1974, S. 13.
183 1. Korinther 15,6.
184 Merrill C. Tenney, »The Resurrection of Jesus Christ«, in: *Prophecy in the Making*, Carl Henry (Hrsg.), Carol Stream, IL: Creation House, 1971, S. 59.
185 Apostelgeschichte 8,1; 9,1; Philipper 3,5-6.
186 Apostelgeschichte 9,3-6.
187 Johannes 7,5.
188 1. Korinther 15,7.
189 Apostelgeschichte 6,7.
190 Paul L. Maier, *First Easter*, a. a. O., S. 98.
191 J. N. D. Anderson, *Christianity: The Witness of History*, S. 105.
192 Philip Schaff, *History of the Christian Church*, S. 175.
193 Charles Alford Guignebert, *Jesus*, New York: Univ. Book, Inc., 1956, S. 500.
194 Lake Kirsopp, *The Historical Evidence for the Resurrection of Jesus Christ*, New York: G. P. Putnam's Sons, 1907, S. 250-253.
195 Matthäus 28,6; Markus 16,6; Lukas 24,6 (A. d. H.: Hervorhebung jeweils hinzugefügt).
196 Paul L. Maier, *First Easter*, a. a. O., S. 122.
197 William F. Albright, *From the Stone Age to Christianity*, S. 297, 298.

198 J. N. D. Anderson, »The Resurrection of Jesus Christ«, *Christianity Today*, 29. März, 1968, S. 6.
199 J. W. Drane, »Some Ideas of Resurrection in the New Testament Period«, *Tyndale Bulletin*, Band 24, 1973, S. 103.
200 Ebd., S. 101.
201 Lukas 24,39.
202 A. d. H.: Hier ist zu beachten, dass der Ausdruck »Fleisch und Gebein« (Lk 24,39) oder »Fleisch und Knochen« im Gegensatz zu »Fleisch und Blut« auch den Auferstehungsleib, gewissermaßen den »Geistleib«, meinen kann. »Fleisch und Blut« hebt das Vergängliche hervor, während »Fleisch und Gebein« betont, dass es sich um einen wirklichen Leib handelt.
203 Matthäus 28,9.
204 Theodore R. Sarbin und Joseph B. Juhasz, »The Social Context of Hallucinations«, in: *Hallucinations: Behavior, Experience and Theory*, R. K. Siegel und L. J. West (Hrsg.), New York: John Wiley & Sons, 1975, S. 242.
205 Ebd.
206 Ebd., S. 243.
207 Ebd.
208 L. E. Hinsie und R. J. Campbell, »Hallucination«, *Psychiatric Dictionary*, S. 333.
209 J. P. Brady, »The Veridicality of Hypnotic, Visual Hallucinations«, in: *Origin and Mechanism of Hallucinations*, Wolfram Keup (Hrsg.), New York: Plenum Press, 1970, S. 37.
210 Johannes Weiß, *Earliest Christianity: A History of the Period A. D. 30–150*, Band 1, hrsg. und übers. von Frederick C. Grant, New York: Harper Torchbooks, 1959, S. 287.
211 Theodore R. Sarbin und Joseph B. Juhasz, »The Social Context of Hallucinations«, in: *Hallucinations: Behavior, Experience and Theory*, a. a. O., S. 242.
212 Lukas 24,41-42; Johannes 21,13.
213 Lukas 24,39-40; Johannes 20,27.
214 Siehe *Tatsache 6 – Sein Erscheinen bestätigt.*
215 Paul Little, *Know Why You Believe*, Wheaton: Scripture Press, 1967, S. 68, 69.

216 Apostelgeschichte 5,17-42.
217 Matthäus 27,62-66.
218 Bill White, *A Thing Incredible*, a. a. O., S. 9.
219 George Raymond Beasley-Murray, *Christ Is Alive*, London: Lutterworth Press, 1947, S. 63.
220 Paul Althaus, *Die Wahrheit des kirchlichen Osterglaubens*, S. 22.
221 Paul L. Maier, *First Easter*, a. a. O., S. 120.
222 A. d. H.: D. h. die Frauen, die in Matthäus 28,1-10 erwähnt werden.
223 Matthäus 28,11-14.
224 George Currie, *The Military Discipline of the Romans from the Founding of the City to the Close of the Republic*, a. a. O., S. 41-43.
225 Matthäus 26,56.
226 Edward Gibbon, *The History of the Decline and Fall of the Roman Empire*, Chicago: William Benton, Publ., 1952, S. 179.
227 Simon Greenleaf, *An Examination of the Testimony of the Four Evangelists by the Rules of Evidence Administered in the Courts of Justice*, Grand Rapids, MI: Baker Book House, 1965; New York: J. Cockroft & Co., S. 29.
228 J. N. D. Anderson, *Christianity: The Witness of History*, S. 92.
229 David F. Strauß, *Das Leben Jesu*, Darmstadt: Wissenschaftliche Buchgesellschaft, 1969, S. 289.
230 Joseph Klausner, *Jesus of Nazareth*, New York: Macmillan and Co., 1925, S. 414.
231 Apostelgeschichte 5,33-42.
232 John Warwick Montgomery, *History and Christianity*, S. 35.
233 E. Le Camus, *The Life of Christ*, Band III, New York: Cathedral Library Assn., 1908, S. 486.
234 David F. Strauß, *The Life of Jesus for the People*, Band 1, 2. Auflage, London: William & Norgate, 1879, S. 412.
235 *Saturday Review*, 3. Dezember 1966, S. 43.
236 *Newsweek*, 8. August 1966, S. 51.
237 J. N. D. Anderson, »The Resurrection of Jesus Christ«, a. a. O., S. 9.
238 Paul L. Maier, *First Easter*, a. a. O., S. 113.

239 *McCormick's Handbook of the Law of Evidence*, a.a.O., S. 425-437. Siehe auch Val Grieve, *Verdict on the Empty Tomb*, S. 20.
240 Val Grieve, *Verdict on the Empty Tomb*, S. 20.
241 Apostelgeschichte 2,41.
242 J.N.D. Anderson, »The Resurrection of Jesus Christ«, a.a.O., S. 9.
243 Daniel Fuller, *Easter Faith and History*, Grand Rapids, MI: Wm. B. Eerdmans, 1965, S. 259.
244 Johannes 7,1-5.
245 Johannes 14,6; 15,5; 10,11.
246 Apostelgeschichte 1,13-14.
247 Jakobus 1,1.
248 Flavius Josephus, *Jüdische Altertümer*, übers. von Heinrich Clementz, Wiesbaden: Fourier Verlag, 1985, 20. Buch, 9. Kapitel.
249 1. Korinther 15,7.
250 Matthäus 26,56; vgl. Markus 14,50.
251 Johannes 18,15-18.25-27; Markus 14,66-72.
252 Johannes 20,19.
253 1. Korinther 15,5-7.
254 Apostelgeschichte 8,3; 9,2; 22,3-5.
255 Apostelgeschichte 9,22.
256 1. Korinther 15,8; vgl. Apostelgeschichte 9,3-22; 22,6-21.
257 Robert Grant, *Historical Introduction to the New Testament*, New York: Harper & Row, 1963, S. 302.
258 Simon Greenleaf, *An Examination of the Testimony of the Four Evangelists by the Rules of Evidence Administered in the Courts of Justice*, a.a.O., S. 29.
259 George Eldon Ladd, *The New Testament and Criticism*, Grand Rapids, MI: Wm. B. Eerdmans, 1967, S. 188.
260 1. Korinther 15,3; 1. Johannes 2,12.
261 1. Korinther 15,19-26.
262 Johannes 10,10.
263 Johannes 5,15-18; 10,25-33; *Wer ist dieser Mensch?*, Holzgerlingen: SCM Hänssler, 10. Aufl. 2010, S. 21-56.
264 Jesaja 1,18.